JN293946

おさしづを読む

澤井勇一

天理教道友社

はじめに

「おさしづ」を読む。このことは、どういうことなのかということを、はじめに考えておきたい。

原理、原則を知っている。そうすると、どのような応用問題であっても、スラスラと解ける。そのように解けるとよいのだが、なかなかそうはいかない。これは、算数や数学のはなしだけではない。

わたしたちの毎日の暮らしというのは、ある意味では、いわば応用問題の連続である。

この道の教えというのは、『おふでさき』『みかぐらうた』、そして『おさしづ』に基づいている。この三つの書物を、「天理教原典」と呼んでいる。これが、教えの源泉である。

『おふでさき』には、この道の根本とその道筋がしめされ、『みかぐらうた』では、「つとめ」の地歌でありつつ、信仰生活の基本心得がしめされている。

こうした根本、基本に照らして、物事を判断することを教えられている。けれども、じっさい、人生は具体的であって、いろいろな「ふし」がある。どうしてよいのかわからなくなってしまう場面に出会う。

その中の大きい出来事は、「やまい」である。その「やまい」は、にちにちの暮らしの中の、いろいろな事情と密接にからみあっている。

だから、この日常の目のまえにあらわれてきた問題の場面において、どうすればよいのか判断に苦しみ、迷うことになる。

そんなとき、からだにあらわれたトラブルをとおして、知らされているのはなになのかを伺《うかが》う。あるいは、日常生活におけるいろいろなトラブル、事情について伺う。それにたいして、「おさしづ」が与えられた。また、旬《しゅん》に応じて、刻限としての「おさしづ」が与えられた。それがまとめられたのが『おさしづ』（改修版全七巻）である。

『おさしづ』を読ませていただくと、こころに残るおことばがある。

「強い者は弱い、弱い者は強い」

「早き道は早きにならん、遅くの道は遅きにならん」

「夜の暗がりは通れるなれど、昼の暗がりは通れん」

日常の常識をくつがえすことばが、ふしぎにも「おさしづ」を読むと、こころに残される。

「おさしづ」を読む。それは、この「おさしづ」の世界を読むことだ。この世界がひろがりはじめると、つぎつぎと、「おさしづ」を読みすすむことができる。それとともに、こころに、神の世界、ご守護の世界がひろがりはじめるから、ふしぎだ。

さあこまった。行き詰まった。こう思うとき、「おさしづ」のことばを、口に出してみることだ。

「強い者は弱い、弱い者は強い」

「早き道は早きにならん、遅くの道は遅きにならん」

これは、神のことばである。新しい気分が、こころの底から、ゆっくりとふき上がってくる。

おさしづを読む　もくじ

まえがき

強いものは弱い　1

強いものは弱い　2
にをいをかける　4
こころをすます　6
おれがおれが　8
夜の暗がり昼の暗がり　10
蝶や花　12
大恩と小恩　14
うれしいひとつの種　16
小さきもの　18

働くという理　21

働くという理　22
急いてはならん　24
満足すれば　26
草の中でも　28
夜と昼と替われば　30
身はかりもの　32
「もと」を聞きわけ　34
人間というは　36
朝にある　38
捨てことば　40
のじのないもの　42
陽気遊び　44

一里の道・十里の道 47

一里の道・十里の道 48
一名一人のこころの理 50
早き道と遅くの道 52
紋型もないところから 54
家のこぼちぞめ 56
はなしを楽しませ 58
いささかのものから 60
世上が鏡 62
さあ明日からは 64
雨降る風吹く 66
春がくれば 68
楽しみの種 70

茨畔《いばらぐろう》も崖《がけ》路《みち》も 73

茨畔も崖路も 74
一日なりとも 76
心配する 78
細道と往還道 80
夏なれば単衣 82
一人・万人 84
ことば第一 86
八つのほこり 88
みるもいんねん 90
暖味と水気 92
根と枝 94
ふしから芽を吹く 96

極楽世界 99

極楽世界 100
大きい理 102
あんなあほうはない 104
神の手引き 106
どうでもこうでも 108
こんなこと 110
一里行けば一里 112
こころにかかる 114
照る日、くもる日 116
にちにちの理 118
もう鶏が鳴く 120
まいた種 122

苦労あろうまい　125

苦労あろうまい　126
ならん中　128
なる・ならん　130
鏡やしき　132
いわんいえんの理　134
ことばの満足　136
「いま」という　138
にっちもさっちも　140
大きいもの・かたいもの　142
念ずるものでも　144
まかん種は　146
半の理　148

陽気というは　151

陽気というは　152
その場の楽しみ　154
こころに結構　156
誠の理　158
わがこと・人のこと　160
こんなことぐらい　162
あほう　164
こころの錦　166
礼をいう　168
朝、結構という中に　170
やさしいこころ　172
神の理　174

ふでさきにも　177

ふでさきにも　178
愛想の理　180
天よりの綱　182
こころに乗りて　184
誠のはなしに誠の理　186
お礼ひとつの理　188
結構という理　190
むつかしい道の中に　192
人間というものは　194
人に笑われるところ　196
理が立つ　198
ひながた通りの道　200

不自由して通るが楽しみ 203

不自由して通るが楽しみ 204
この道 206
早い縁、遅い縁 208
晴天のごとく 210
こころすみきる 212
こころ楽しみ 214
蔭日向になりて 216
ひながたの道 218
どこにいても 220
ひとつのこころ 222
寒ぶい晩も 224
小さきものの理 226

芽が出る 229

芽が出る 230
すみきる 232
徳つんで 234
身上から 236
さきの事情定める 238
うれしい〳〵通る 240
こころに事情 242
末の楽しみ 244
天が見通し 246
速やか鮮やかなこころ 248
古き道、新しい道 250

あれでこそ 253

あれでこそ 254
大きい思やん 256
神にもたれる 258
寄ってくる理 260
夕景 262
その徳 264
一夜の間にも 266
悪なら善で 268
靄がきれたら 270
火、水、風 272
人をこぼつ 274
神のはなし 276

夜も明ける 279

夜も明ける 280
あちらでぼそぼそ 282
どんな難儀も 284
精神という 286
こころをなおす 288
ひとつすきやか 290
わしはこんなこころで 292
善いことすれば 294
頼もしい道 296
なるほどの人 298
種なしにつくれるか 300
こころに誠 302

鶏《とり》が鳴いた 305

鶏が鳴いた 306
三〇日といえば 308
どういう道も 310
こころを入れ替え 312
誠の精神 314
楽しみ働けば 316
理が栄える 318
さあ掃除や 320
かりもの一条 322
どんなこと聞くも 324

旬《しゅん》をはずさず 327

旬をはずさず 328
一があれば 330
男女の隔てない 332
もたれつく 334
運ぶつくす理 336
一人さきに立って 338
ふしからの芽 340
弱いもの、強いもの 342
なにも危なきはない 344
朝早う 346
ちょっとの理 348
さきの長い楽しみ 350

あとがき　353
おさしづを読むための索引　356

装幀……森本　誠

強いものは弱い

行き詰まりを感じる。
人間思案に暮れる。
そのこころの目を、
ハッとひらいてくれる。

強い者は弱い、
弱い者は強いで。
強い者弱いと言うのは、
可怪《おか》しいようなものや。
それ心の誠を強いのやで。

（明治二〇、一二、四）

強いものは弱い

強い者は弱い、弱い者は強いで。

このさとしは、一般常識の世界においては、理解することが不可能な、奇妙な、おかしいことばに映る。常識的な人間知にとっては、なにか矛盾している表現のようにみえる。

しかし、日常生活にあってなにかしら行き詰まりを感じはじめているとき、この奇妙なことばは、人間思案にくれるこころの目をハッとひらいてくれる。

なるほど、人は日常生活の表面の事柄については、人間の思案というか人間知によって割りきって日常の歩みをすすめている。でも、その表面の奥というか中身は、人間思案によって割りきろうとして割りきれるものではない。それは、ご守護の世界であり、「かりもの」の世界である。

この真実に開眼せよ、とうながされるのが、このおことばである。「強い者は弱い、弱い者は強い」という奇妙なさとしは、真実の世界をしめすおことばであり、それによって、はっきりと自覚した信仰の道をしめされる。

この人に
にをいを掛けんならん
と思えば、
道の辻《つじ》で会《お》うても
掛けてくれ。

（明治四〇、四、七）

にをいをかける

今日《こんにち》、ひとつの成句として、信仰にいざなうという意味で使用している「にをいがけ」ということばは、「匂《にお》いを掛ける」ということである。

それは、こころの奥底に、そっと、生きいきとした陽気ぐらしの匂いをかけることである。その匂いは、目先の、にちにちの暮らしに、直接に役立つものでないかもしれない。

でも、なんともいえない美しい笑顔の人とはなしをする。こころの奥底にひびくことばを耳にする。こころが洗われるような光景を目にする。

それらは、いまだはっきりとした形をもっているのではない。匂いのようなものである。しかしそれらは、こころの奥底に匂いとして残される。

こころの奥底に匂いとして残された印象は、やがて、年限とともに表面に浮かびあがってきて、その人の人生に意味と彩りを与える。ことに、その人が人生の曲がり角に立ったときには、力強いこころの支えともなる。

そっと、匂いをかける。陽気ぐらしの歩みの方向とふかさをもしめす味わいあることばである。

腹の立てるのは
心の澄み切りたとは言わん。
心澄み切りたらば、
人が何事言うても
腹が立たぬ。
それが心の澄んだんや。

（明治二〇、三、二二）

こころをすます

信仰生活の第一歩であって、いつも、こころがけるべきは、こころをすます、ということである。

日常、通常の生活において、しらずしらずのうちに、これはおもしろいかどうか、これは役に立つかどうか、と、じぶんを中心にすえて、物事をみたり考えたりしている。

じぶんの理屈にあわない、割にあわない、ということになると、つい、不足をして腹が立つ。人がどういった、こういったといって「腹の立てるのは心の澄み切りたとは言わん」とさとされる。

人生の「ふし」をとおして、みずからの足もとを眺《なが》めるとき、「かりもの」の世界に足をおいているじぶんを知る。ご守護の世界に生かされていることが実感される。

こころをすます。そして、にちにち、成人の歩みをすすめるところに、みえてくる。日常の、現象の世界の奥に、より根源的な世界というものが。

陽気ぐらしをする。それには、一人ひとりが、こころをすます、こころいさむようにすることである。

俺《おれ》が〳〵というは、
薄紙貼《は》ってあるようなもの。
先は見えて見えん。

（明治二四、五、一〇）

おれがおれが

ついつい、さまざまな物事をじぶんの勝手都合によって眺めている。かぎられた、日常生活の表面だけをみていると、人間は、じぶんの力でなんでもしている、なんでもやっているようにみえる。

これは、「わたしが」した。いや、これは、「おれが」してやった。こういうことになる。

だが、「おれがおれが」ということができるのは、「薄紙貼ってあるような」世界、日常生活の表面だけのはなしである。さきのことは「見えて見えん」とされるのである。

その薄紙がはがれると、「おれがおれが」が、しだいにぼやけてきて、かぎりなくひろく、かぎりなくふかい「かりもの」の世界がひろがる。

人間世界のひろさとふかさを見通し、人間を根本からつくりかえる。それが、「かしもの・かりもの」の理である。

夜の暗がりは
通れるなれど、
昼の暗がりは
通れん。
これをよう聞き分け。
（明治三四、一〇、一三）

夜の暗がり昼の暗がり

夜は暗く、昼は明るい。
ところが、夜の暗がりは、懐中電灯を点ずることによってゆくさきを照らし出すことができる。

しかし、昼の明るいところでは、懐中電灯の明かりは、その意味を失ってしまう。懐中電灯を点ずることによって「昼の暗がり」を照らし出すことはできない。たとえ、にちにち、物にかこまれ環境が整えられたとしても、「昼の暗がり」では、それらは無意味と化してしまう。「これをよう聞き分け」るところ、すべてを生かし、豊かな、よろこびの世界、信じて生きる世界がひろがりはじめる。

蝶《ちょう》や花と言うも
息一筋《いきひとすじ》が
蝶や花である。
これより
一つの理は無い程に。
（明治二七、三、一八）

蝶や花

きれいな蝶が舞い、見事な花がひらく。
それは、美しく、魅惑的である。
だが、きれいだ、美しい、と目に映る。それらは、ただ単なる美的な興味、知的な意味においての美しさである場合が多い。

ややもすると、格好や体裁、肩書という外的なものに気がとられ、それにこだわったりして、判断を誤ってしまう。

「蝶や花と言うも息一筋」と明示される。息一筋が止まるとどうなるか。「かりもの」のご守護をいただいてこそ、蝶や花であることを忘れてはならない。

かぎりない「かりもの」のご守護にこころの目がひらかれて、人生の歩みをすすめよ、と「息一筋が蝶や花である」とさとされる。

大恩《だいおん》忘れて
小恩《しょうおん》送るような事では
ならんで。

（明治三四、二、四）

大恩と小恩

「かりもの」のご守護の土台のうえに、日常の暮らしはあるということを忘れてはならない、といわれる。

あの人に、この人に、ああもしてもらい、こうもしてもらった、とよろこぶ。そして、その恩義にたいして、こちらも返礼することを忘れない。

しかし、「小恩送る」という、日常生活の表面だけしかみないで暮らしていると、いつしか形だけが残り、よろこびは消えて、日常生活は慣習と化《か》してしまう。

日常生活を奥底から支え、抱きかかえていただいている「かりもの」の世界にこころがひらかれるとき、生きいきと、暮らしは生命を帯びてくる。

「大恩」を忘れずに「小恩」送って通ってこそ、にちにちの理が栄える、といわれる。

日々《にちにち》
嬉《うれ》しい一つの種は、
一粒万倍《いちりゅうまんばい》に成りて
日々治まりて来る。
（明治二四、一二、一九）

うれしいひとつの種

にちにち、「かりもの」のご守護に支えられ、なにをみても、なにを聞いても、うれしく、楽しく。これが、陽気ぐらしの歩みである。

いろいろと目に入ってくる情景、耳に入ってくる雑多なことばなど、ほんのなんでもないと思われるような事柄も、一つひとつ、にちにち、経験する事柄は、こころの奥底に、そっと、しるしを残して消えていく。

うれしい、と生かされているよろこびに目がひらかれた経験は、さらに、うれしい経験をよび出す「一つの種」となる、といわれる。

うれしい、と感じとる経験は、こころの奥底に「一つの種」を残し、その種は、新しい経験を刺激して、新しい、うれしい「一つの種」となる。うれしい種は、新しい、うれしい種を生み、つきるところがない。

それが、「一粒万倍に成りて」「日々治まりて来る」とさとされる。こうして、新しい地平はひらかれる。

小さきもの
大きく成るが理。
よく聞き分け。
（明治二三、二、一六）

小さきもの

小さなもの。

それは、ご守護の世界において、どれほど大事なことであるか。小さなことに真実をつくすことが、どんなに大切であるか、ということをさとされる。

ややもすると、ご守護の世界をも、数量や形の大小によって判断してしまうことがある。大きな事柄、大きな問題にたいしては、力を入れ、力をこめて立ち向かうが、それが小さいと、真実をつくす力をぬいてしまうことが多い。

小さなものの中に、大きくなるよろこびの理がこめられている。それが、ご守護の世界であるということを、「よく聞き分け」といわれる。

ほんのちょっとしたことによって、わたしたちはよろこび、そして悲しむ。にちにち、そんな小さなことにつつまれて暮らしている。小さいところを大事大切にしてこそ、生涯の理が治まるということを忘れてはならない。

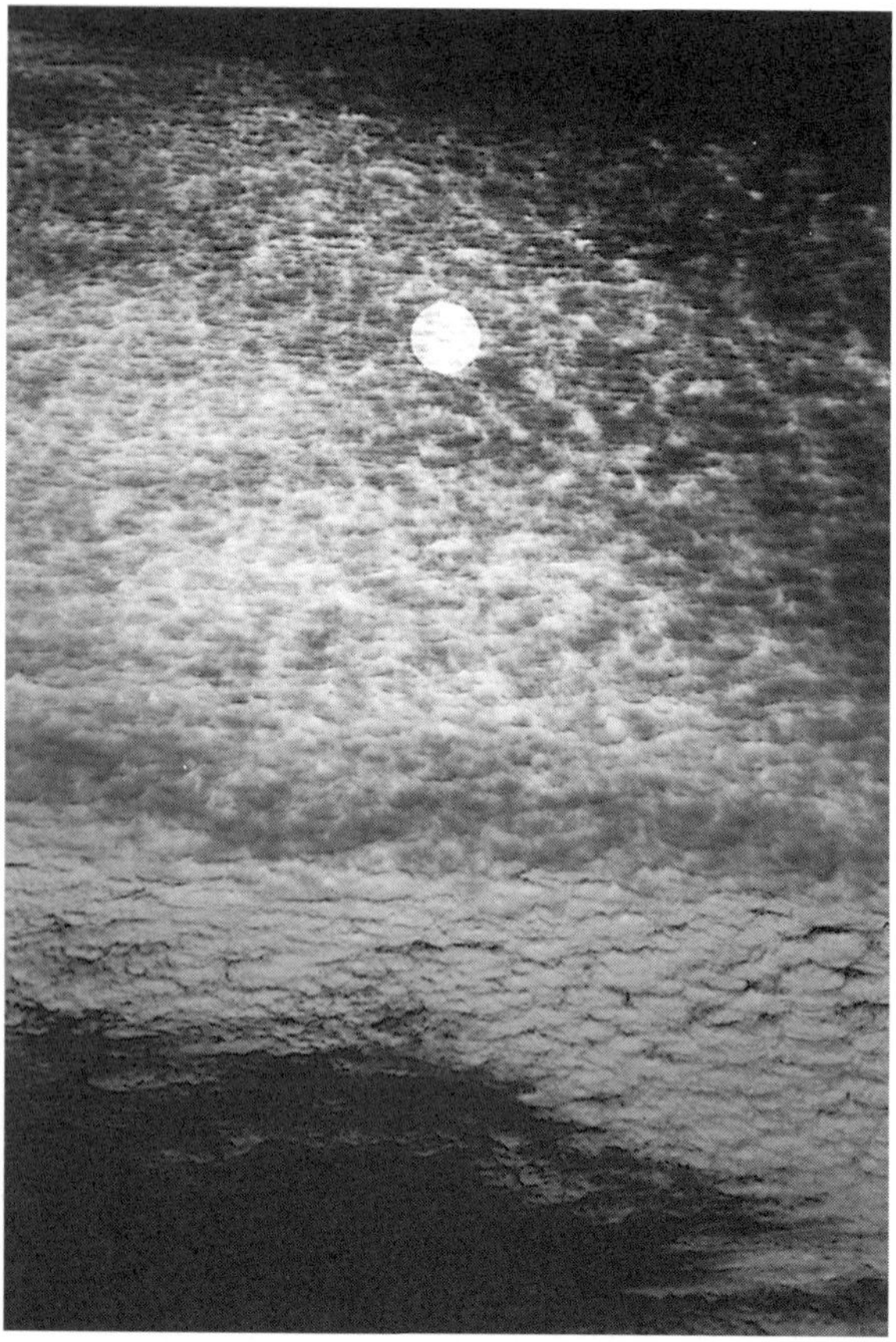

働くという理

日常のことば。
それをひっくりかえして、
そのことばのもつ、
意味世界を指ししめす。

人間の道というは、
働くという理は
話《はなし》したる。
（明治二三、六、二一）

働くという理

人間として生きる。この意味を的確なさとしでもって、おやさまは明示くださっている。

「人間というものは働きにこの世へ出てきたのや」

「働くというのは、はたはたの者を楽にするから、はたらくと言うのや」

とさとされる。

通常、じぶんの、わが暮らしを保持するためにはたらく、と考えてきている。しかし、この語呂《ごろ》合わせによる教示は、通常使われていることばをひっくりかえして、そのことばのもつひろく、ふかい意味の世界、陽気ぐらしの世界を指ししめしている。

すなわち、「働く」のではなく「働かせていただく」という、「かりもの」の世界に生かされて、そして生きる急所がしめされている。

おさしづでは「働くという理は話したる」と、おやさまが直接に説いて聞かせてくださったおはなしの意味の奥底を、じっくり読みとるようにうながされる。

急《せ》いてはならん、
急《いそ》いではならんという理は、
これまでにも
重々《じゅうじゅう》の理に諭《さと》したる。
今年出けにゃ来年、
来年で行かにゃ
又《また》明けてからという。
よう聞き分けにゃならん。

（明治三二、四、四）

急いてはならん

「急いてはならん、急いではならん」といわれる。

「今は種々《いろいろ》と心配するは無理でないけれど、二十年三十年経《た》ったなれば、皆の者成程《なるほど》と思う日が来る程に」（『稿本天理教教祖伝』）

とは、この道のはじまりにおけるおことばの一節であるが、文字どおり、二〇年三〇年という年限かけて、おみちびきくださった。

ところが、わたしたちは、いまさえよければ、その場さえよければ、ぐらいに思っている。そして、トラブルにあうと、あわててしまって、無理をしても、表面をとりつくろうことを考え、急ぐことになる。

人生の歩みは、急ぐのではない。二〇年三〇年という、長い見通しに立って、年限かけてご守護いただいて、急がずゆるまず成人の歩みをすすめることである。

「今年出けにゃ来年、来年で行かにゃ又明けてからという」とさとされ、このことを「よう聞き分けにゃならん」といわれる。

満足すれば
一所《ひとところ》やない。
世界に映る。
不足で行く〳〵すれば、
理が消《け》えて了《しま》う。
何処《どこ》までも皆々
満足集まって道と言う。
（明治三七、二、六）

満足すれば

満足を与える。満足する。希望が満ちたりて、不平不足がなくなる。

それは、こころの内面、ないしは、こころの奥底に、朝の太陽がひかり輝いてのぼること、といえる。

「満足すれば一所やない。世界に映る」としめされている。満足の理は、ひとところではない、世界の人のこころの奥底にひかりをあてる。そして、人間を根源的に変貌《へんぼう》させる。「満足集まって道と言う」といわれるように、自己探求の道がふかめられ拓《ひら》かれていく。

それは、やがて、表面にあらわれて、新しい芽を吹き出す。「満足の理から芽が吹くで」ともさとされる。

春になればどう
秋になればこう、
この心すっきり要《い》らん。
草の中でも
ごもくの中でも構わん、
と、
どんと一つ心を定め。

（明治四〇、一、二〇）

草の中でも

春に花ひらき、秋に実をむすぶ。

これは、日常的で常識的な目に映る経験世界の景色であるが、ややもすると、春がくると花が咲くだろうか、秋がくると実をむすぶだろうか、と案じたりする。だが、「草の中」「ごもくの中」でも、人生の「ふし」をとおして、なんとありがたい、というご守護の世界をかいまみる。そしてさらに、「どんと一つ心を定め」て通ることによって、日常的な目は、だんだんと「かりもの」の世界のふかみに向かって拓《ひら》かれていく。

それは、常識的には考えられない、日常的な経験世界の奥底にひろがる「泥海《どろうみ》」といわれるダイナミックな世界。春の中に秋があり、秋の中に春がある、無限の可能性のひろがり。

そこに、「春になればどう秋になればこう、この心すっきり要らん」という風景が展開する。

心の勤めは第一、
心の勤めというは
難《むつか》しい。
夜と昼と替われば
勤める事出来ようまい。
（明治二三、五、三〇）

夜と昼と替われば

どのような中も「心の勤めは第一」とさとされる。そして、「夜と昼と替われば勤める事出来ようまい」あるいは「夜昼心に替われぱどうも勤める事出けん」ともいわれる。

夜の道は暗く、昼の道は明るい。

明るい道を暗いと思って、つまずくかもしれない、水たまりにはまるかもしれない、と案じていては、道を通ることはできない。

夜の、わるい道を通りながら、暗いとも思わず、注意をしないでいると、なににつまずくかも、なににつきあたるかも、どこへはまるかもわからない。

この道のはなしを聞かせてもらっても、聞きわけがなく、噛《か》みわけがなく、さとりとることがなかったならば、夜の道と昼の道とわからんようなものである。

それでは、なにもわからない。

聞いたはなしを噛みわけて、そして、にちにち通ったならば、なにも案じも危なきもない、という。

これは、『正文遺韻《せいぶんいいん》』の記しているところである。

人間というものは、
身はかりもの、
心一つが我《わ》がのもの。
（明治二二、二、一四）

身はかりもの

あれは、このようにすればもっとよいのになあ。これについては、あんなことをしてはいけない。あれさえあればいいのになあ。

というように、わたしたちは、通常、じぶんの身のまわりの物事、事柄を眺めつつ、暮らしている。

しかしながら、周囲を眺めている、その「わたし」とは、なにであるのか。人間とは、いったいなにか、という問いを遠ざけてすごしている。

その「人間というもの」について、「身はかりもの、心一つが我がのもの」としめされている。

いままでの長い年限のうちに、知恵の仕込み、文字の仕込み、そして、そのうえに、いくえの道も教えていただいてきた。

それで、物事のよしあしについては、たいてい、わからないものはない、というまでにしていただいている。

ここで、『正文遺韻《せいぶんいいん》』は、「なれど、九分九厘《りん》まで教えてきたけれども、いま一厘のところがわからぬ。これを、このたび教えるという」と記し、この「だめ」の一点、「いま一厘のところ」こそが、「身の内かりもの」の理である、と説いている。

天《てん》理《り》王命《おうのみこと》という原因は、
元無《もとな》い人間を拵《こしら》えた
神一条である。
元五十年前《ぜん》より始まった。
元聞き分けて貰《もら》いたい。
（明治二一、一、八）

「もと」を聞きわけ

おふでさきに、

月日より三十八ねんいぜんにて
あまくだりたる元のいんねん

七　1

と記される。

この「三十八ねんいぜん」、すなわち天保《てんぽう》九年（一八三八年）一〇月二六日、親なる神は、おやさまをとおして顕現《けんげん》せられた。

おさしづに、
　天理王命という原因は、
　元無い人間を拵えた神一条である。

　元五十年前より始まった。

　元聞き分けて貰いたい。

と、天保九年、立教の元一日の意味を了解するようにうながされる。

おやさまは、天保九年以来五〇年、「月日のやしろ」として、一貫して「だめ」の教えの理をお明かしくださり、「ひながたの親」として、一貫して陽気ぐらしの手本を、身をもっておしめしくださった。そして、いまも存命でおはたらきくださっている。

こうして、神一条の道、人間生活の究極の意味が明かされたのである。

人間というは、
身の内神のかしもの・かりもの、
心一つ我が理。

（明治二二、六、一）

人間というは

めへ〳〵のみのうちよりのかりものを
しらずにいてハなにもわからん　三 137

と、おふでさきに記されている。おさしづにおいては、「人間」というは、

身の内神のかしもの・かりもの、心一つ我が理。

と、人間とはなにかということ、人間の真実の姿について、おしめしくださっている。

ところが、日常、わたしは力があるとか、わたしは達者であるとか、あの人は仕事がよくできるとか、ということが話題になる。

たまたま、「人間」といわれても、通常、その顔や姿や形を思いうかべるくらいであって、その中身については、考えることができないほど、これが当然である、としているところがある。

人間の根本義に、この道においてはじめてふれた先人は、

これまでハこの親さまへでるまでハ
わがからだあハわがものなると
をもていたこゝろちがいやこのたびハ
親さまよりのをしへをきいて

（「こふき話」）

と記している。これまで、「わがからだは、わがものである」というのを当然のことと思ってきた。しかし、これが「こころちがい」である。と、こころがパッとひらかれた驚きを書きとめている。

こうして、人間のありかたの根本が、はっきりと明かされたのである。

一日の理は朝にある。

（明治二二、五、七）

朝にある

こんなことではいけない。

もっと、いそいそと、こころも晴れやかに物事に取り組みたい。だが、どうも気分が晴れない。こころの中はもやもやしている。物事は、思惑どおりに進展しない。

こんな、にちにちを変えよう、と思うならば、一日の出発である「朝」が、大事である。

朝、目を覚まさせていただいたことをよろこぶ。きょうも、「かりもの」のご守護に生かされて、朝を迎えさせていただくことができた。お礼を申しあげる。

そして、思いきって起きる。

こころがいさむにちにち。それは、一日の出発である「朝にある」と、さとされる。

「一日の理は朝にある」という。この「おさしづ」をいただいた先人は、娘時代、おやさまから、

「朝、起こされるのと、人を起こすのとでは、大きく徳、不徳に分かれるで」

（『稿本天理教教祖伝逸話篇』）

と、直接、お仕込みいただいている。

仇言《あだこと》にも
捨言葉《すてことば》
神は大嫌い。
（明治二四、一、二八）

捨てことば

にちにちの暮らしにおいて、じぶんの欠点、短所というものには、気がつきにくい。

しかし、まわりの人の欠点や短所というものは、よくみえる。それが、気にかかり、その欠点を改めてほしい、と願う。こころの中で、欠点を冷たく責めたてる。

それが、口から発する、とっさの捨てことば。それは、人のこころの奥底に大きな傷をつけ、人と人とのかかわりを断ちきってしまう。

仇言にも

捨言葉神は大嫌い。

とさとされる。

あの人も、わたしも、「かりもの」のご守護に生かされて、いま、ここにいる、ということを知るとき、人の欠点や短所も、ありのまま受け入れるこころがひろがる。「かりもの」の世界の中に、じぶんの姿を認めることである。

そうすれば、人の欠点、短所と思われたことも、わたしの生きかたに新しい意味を与える。わたしの世界が変わり、相手も変わる。ここに、信じて生きる世界の妙味がある。

これ俄《にわ》かに咲く花は、
切って来て
床《とこ》へ挿《さ》してあるも同じ事。
これは
のじの無いものである。

（明治二四、一一、一）

のじのないもの

辞書をみると、「のじ」というのは、「持久力。耐久力。持ち」（『日本国語大辞典』）と説明して、
「この飴《あめ》はのじがある」（『大和方言集』）

「ようかんは一度に食べてしまうからのじが無い」（『大阪方言事典』）

という、方言の用例をもしめしている。

にわかに咲いた見事な花。それも美しい。

しかし、それは、切ってきて、床に生けてある花のようなものであって、「のじの無いものである」といわれる。

にちにちの事柄に追われていると、手近に早く結果をみたい、と思ったりする。あるいは、ほんのちょっと思惑がずれると、落胆してしまいがちである。だが、そんなとき、じぶんは、なにに足場をおいて、なにをめざしてすすんでいるのか、ということを確認しなくてはならない。

さき長く楽しんで生きるところに、ほんとうの楽しみがある。このことを、「のじ」のあるなしという、生活に根ざしたことばで語られ、「長くは先の楽しみ、短いは楽しみ無し」とさとされる。

陽気遊びとは、
目に見えたる事とは
ころっと
格段が違うで。
（明治二三、六、二〇）

陽気遊び

きょうは、どこそこへ遊びにいく。あるいは、なにをみにいく。このように、遊びというと、仕事というものと対比して考える、というところがある。
ところが、おさしづでは、
陽気遊びとは、

目に見えたる事とはころっと格段が違うで。
とさとされる。

日常生活における、ひとつの行為。それが、陽気遊びであるかどうか。それは、目にみえたこと、形にあらわれたものによるのではない。その人にとって、どのような意味をもつか。にちにちの生活が、楽しく、そして充実しているかどうか、ということである。

いま、生かされているじぶんというものを、もうすこし、ふかいところでみなおすことをうながされている。陽気遊びは、通常の楽しみというものと、「ころっと格段が違う」といわれる。おふでさきには、「よふきゆさん」ということばで、人間本来のありかたがしめされている。

月日にわにんけんはじめかけたのわ
よふきゆさんがみたいゆへから　十四　25

一里の道・十里の道

物事をすすめる。
それには、
こころの姿勢、
「心の治め」が大事である。

一里の道も、
急《せ》いて行っては、
しんどい
と言わにゃならん。
（明治三四、四、一六）

一里の道・十里の道

物事をすすめる。

それには、こころの姿勢、「心の治め」ということが大事である。

ほんなんでもない、そこまで、という道のりであっても、やっぱりゆかねばならないか、と思って、日が暮れてきて、急いで出掛ける。

それでは、

一里の道も、

急いて行っては、

しんどいと言わにゃならん。

といわれるように、不平不足となってしまう。

これまでにやったことのない、大きな仕事、物事に着手する。それは、大変なこと、大層なことである。しかし、大層と思われる事柄にたいする「心の治め」のあるところ、大層と思うことなく物事をすすめることができる。

十里の道でも、

ぼち〳〵行《ゆ》けばその日に行《ゆ》ける。

と、つづけてさとされる。あせらず、やすまず、ぼちぼちと、遠大な目標に向かって、楽しみつつすすむ。「この理聞き分け」といわれる。

皆《みな》
一名一人《いちめいいちにん》の
心の理を以《もっ》て
生《うま》れて居《い》る。
（明治二三、八、九）

一名一人のこころの理

親子だから、夫婦だから、兄弟姉妹だから、これくらいのことはよくわかっているだろう、こうしてもらって当然だ、と、ついつい考えがちである。

そして、安易に、おたがいにあまえる。あるいは、無理をいい、不足しあって暮らすことが多い。

しかし、たとえ親子、夫婦、兄弟姉妹といっても、みな、それぞれ「一名一人の心の理を以て生れて居る」といわれる。めいめいが、こころの輝きをもって生きることをうながされる。

人間は、みな、「かりもの」のご守護に生かされて生きている。めいめいが、一名一人かぎりに「かりもの」の理をこころに聞きわける。

こうしてもらって当然、当たり前という考えからぬけ出て、一名一人のこころの輝き、誠真実によって、身近な、にちにちの暮らしの中から、たがいにたすけあう。そして、そのよろこびをわかちあって生きる、ということをさとされる。

早き道は
早きにならん、
遅くの道は
遅きにならん。

（明治二四、一、一四）

早き道と遅くの道

にちにちの暮らしにおいて、「早い」とか「遅い」ということは、たいへん気になることである。

人よりも早く始めると、人よりも早く仕上げることができる。遅れると、それだけ人よりも遅れる。常識的には、このように考えられる。

時間を軸にして物事を判断して、早いとか遅いとかいう。これは、日常生活において使われる平凡なことばである。そして、「遅い」よりも、すこしでも「早い」ほうがよい、と考えるのである。

ところが、思うように物事が進展しない。すると、そのことがこころにかかり、ひいては、身にかかるようになる。このとき、「身の内かりもの」という理に照らして、こころを転換することをうながされる。

こころを大きく改めると、眼前の事物も、それまでと微妙に変化しはじめる。「早き道は早きにならん、遅くの道は遅きにならん」といわれる世界がひろがりはじめる。

紋型《もんかた》も無い処《ところ》からの
この道の結構という、
元の理を諭《さと》さにゃならん。
（明治三一、五、一二）

紋型もないところから

この世の元初《もとはじ》まりは、泥海《どろうみ》であった。

この語りだしにはじまる「元の理」のおはなし。この同一のはなしを、別席において、九遍《へん》くりかえして聞かすように、とうながされる。

説いたうえにも説かせていただく。聞いたうえにも聞かせていただく。そして、元の理をこころに治め、体験をとおして、「泥海」ということばでしめされるご守護の世界を、ありありと、こころに身に感じとらせていただく。こころの目をひらく。これが、この道のはなしである。おさしづでは、「何《なん》にもならん話《はなし》した処がどうもならん」と、前置きして、

紋型も無い処からのこの道の結構という、

元の理を諭さにゃならん。

といわれる。

「泥海」「紋型も無い処」とは、元初まりのことをいわれるだけではない。いまのわたしたちの生は、「泥海」に支えられてこそあるのである。「泥海」というご守護の世界にふれることによって、日常の、さまざまな事柄、いろいろな物事は、「泥海」をとおして変化しはじめる。

この道始め
家の毀《こぼ》ち初《ぞ》めや。
やれ目出度《めでた》い〳〵
と言うて、
酒肴《さけさかな》を出して
内に祝《いお》うた事を
思てみよ。

（明治三三、一〇、三一）

家のこぼちぞめ

おやさまは、「月日のやしろ」として、貧に落ちきる道を急がれた。

善兵衛《ぜんべえ》さん地持ち、といわれた中山家。その母屋《おもや》が取りこわされて、売られていく。まさに、没落を象徴する出来事である。

それは、いつの時代でも大変なことである。ましてや、人の人格というものよりも、財産や家柄、格式という、イエというものが、きわめて大事なものと考えられていた当時のこと。内面的なものよりも、外面的なものにたよって、人びとが生活していた時代である。

母屋の取りこぼちに、「これから、世界のふしんに掛《かか》る」といわれて、人びとに酒肴をふるまわれたという。

酒肴を出して内に祝うた事を思てみよ。

変わりた話や〳〵。

と、おさしづにいわれる。

そして、「家の毀ち初《そ》めから、今日《きょう》の日に成ったる程と、聞き分けてくれにゃなろまい」とさとされる。

話を楽しませ〱、
長い道中連れて通りて、
三十年来寒《さ》ぶい晩に
あたるものも無かった。

（明治二九、三、三一）

はなしを楽しませ

「二十年三十年経《た》ったなれば、皆の者成程《なるほど》と思う日が来る程に」
と、「二十年三十年」という年限をしめして導かれた。
イエという外的なものによって、人びとが暮らしていた時代に、内的なものを
第一にして暮らす。生かされて生きる真実に目をひらき、にちにち、こころをつ

くしあって生きる。そこに、人間としての本来の暮らしがひろがるということを、おやさまは、はなしを楽しませつつ、身をもって導かれた。

貧に落ちきる道を急がれ、母屋《おもや》が取りこわされる。そのあとに草が生える。そのような道中。おさしづでは、

三十年来寒ぶい晩にあたるものも無かった。

あちらの枝を折りくべ、

こちらの葉を取り寄せ、

通り越して来た。

と語られる。

やがて、「二十年三十年」が経過して、「あちらが出て来る、こちらが出て来る」というように、真実に生きる道を求める人びとがあらわれはじめる。そして、今日の道になってきている、といわれる。

種というは、
些《いささ》かのものから
大きものに成る。
（明治三七、一二、一四）

いささかのものから

種というは、
些かのものから大きものに成る。
といわれる。
こんなもの、あるいは、あんなもの、というが、小さなもの、いささかなもの
こそが、大事である。

だが、ややもすると、これがいかん、あれがいかん、と、たらないところばかりをいいがちである。

どのような、小さなものであっても、ほんになるほど、と、受けとめる。これにも、こんなよいところがある。あれにも、あんな素敵なところがある。

小さなもの、いささかなものであっても、その伸びる、小さな種をみつけて育てる。小さなことも、やりとおす。

それには、ちょっとしたことばであっても、満足を与えて、その小さな種を、年限かけて育てつづけることである。

おさしづでは、「年々に作り上げたら、どれだけのものに成るやら知れん」と、つづけてさとされる。

世上が鏡、
いかなるもかりもの、
心我《わ》がもの、
心通り
鏡に映してある。
（明治二一、七、二九）

世上が鏡

じぶんのほんとうの顔を、じぶんの目でみることはできない。なんとふしぎなことであろうか。

今朝《けさ》も、じっくりとじぶんの顔をみつめて、お化粧をした、といっても、それは、鏡に映して、じぶんの顔をみているにすぎない。

じぶんの顔は、鏡に映すことによって、はじめてみることができる。しかし、じぶんの姿を鏡に映すことは、じぶんをみつめることのはじめである。

わたしのことは、わたしが、いちばん、よく知っているという。だが、じぶんのほんとうの姿は、案外、知らない。わからない。ところが、意外なことに、じぶん以外の人のことはよくみえる。あそこは、あんなことをしてはいけない。あんなことをしているから、あんなことになる。もっと、あそこは、こうすればよいのに、というように。

おさしづでは、「世上が鏡、いかなるもかりもの、心我がもの、心通り鏡に映してある」とさとされる。そして、「見分け聞き分け」とことばを添えられる。

さあ明日《あす》からは
朝も早く起きて、
むさくるしい仕事は
人にはさゝん。
めん〳〵するよう
働くよう。

（明治二八、八、三）

さあ明日からは

これまでは、ああしてもらって当たり前、こうもしてもらって当然。そしてまだ、ああしてほしい、こうもしてもらいたい、と思って暮らしてきた。

いま、人生の転機において、きょうまでの通りかたをふりかえってみると、心得ちがいをしていた。まちがっていた。

これからは、「たすけてたすかる道」をすすませてもらおう。そのこころを定める。そのこころを改めた具体的な歩みは、「朝起き」にはじまる。

おさしづでは、

さあ明日からは朝も早く起きて、

むさくるしい仕事は人にはさゝん。

めん〳〵するよう働くよう。

といわれる。

そして、朝早く起きるとともに、「おはようございます」という声を、人からかけてもらうより早く、こちらから「おはようございます」という声をかける。

「お早《は》ようという言葉一つの理を掛け」とさとされる。

一日の日
雨降る、
風吹く、
春の日はのどか。
一年中は
どんな日もある。
（明治二二、五、七）

雨降る風吹く

身上《みじょう》や事情にお知らせいただく、という。神は、身上、事情をとおして、おてびきくださる。お導きくださる。

ところが、人間は、いまの、このことさえ解決できればそれでよい。いまさえよければよい。だから、いまの、目前の事柄が思うように運ばないと、どうしてよいかわからなくなる。

身上や事情。それは、人生におけるつまずきである。だが、そのつまずきをとおして、いまのことだけでなく、将来の道をしめされる。いまの道をなげくのではない。

おさしづでは、「一日の日雨降る、風吹く、春の日はのどか。一年中はどんな日もある」と、どのような中も年限かけて、将来の道を目指して、こころに力をつけて生きるように、とうながされる。

そしてさらに、いまは、二〇年三〇年さきの道は、「見えようまい、分かろまい」といわれる。

しかし、いまはみえないが、将来の楽しみの道について「よう聞き分け」と念を押される。

一つの理が分かれば
案じる事は
一つも要《い》らん。
春が来れば花が咲く。
（明治二三、一二、一八）

春がくれば

人間は、将来に向かって、あれこれと計画をもち、思惑をもって生きている。

だから、未来の可能性の世界を切り拓《ひら》いていくことができる。

だが、ひとたび、じぶんみずからの足もとをふりかえるとき、すべてのことが、じぶんみずからの力によってのみ解決されるのではない、ということに気がつく。

前面には、じぶんの計画どおりでないもの、じぶんの思惑どおりでない事柄が、立ちはだかっているようにみえる。このところは、このようにしてすすむのでよいのだろうか。あのようにするほうがよいであろうか。あれこれと思い迷う場面が多い。

そんなとき、案じるということ。わたしたちは、ただ、じぶんの思案だけ、そのとき、その場の思案だけに閉ざされてしまって、こころを暗く、いずませがちになる。しかし、それは親なる神をみつめてすすむ通りかたではない。

人間は、陽気ぐらしをする。どのような中も、明るくいさんで通る。そこに、お与えいただいた生命を十分に生きぬく、人間本来の生きかたがある、と教えられる。「一つの理が分かれば案じる事は一つも要らん」といわれる。

親なる神を目標とした、いさんだこころをもって、終始一貫して通りぬけるところに、「春が来れば花が咲く」という世界が約束される。

おさしづでは、つづけて「心に一つ理を持ってくれるよう」とさとされる。

苦労は楽しみの種、
楽しみは苦労の種、
と
皆聞いて居《い》るやろう。
（明治三九、一二、六）

楽しみの種

辞書をひらいても、「楽は苦の種、苦は楽の種」と出ているが、おさしづでは、おやさまの「ひながた」を思えば、「どんな艱難《かんなん》もせにゃならん、苦労もせにゃならん」と前置きして、「苦労は楽しみの種」とつづく。

このことは、なにごとも、いまの種まきが大切だ、と強調されているといえる。

じぶんにとって大事大切なことは、あとまわしにするのではない。

また時間ができたら、余裕ができたらしようと思っていても、その「とき」がきたときには、なにもできない場合が多い。

これは大切なことだが、まあそのうちに、またあとでというように、物事をあとへあとへとズラしてしまいがちである。そして、なにが重要で大事であるのかを忘れてしまう。あれをしたほうがよいのだが、と、こころにかかりながらでは、ほんとうの楽しみもない。

「苦労は楽しみの種、楽しみは苦労の種」とは、いまを、十分に生かすこと。大切なことを、あとにズラすよりも、さきにズラすことをうながされる。

いまを生かすことによって、生活の彩《いろど》りが変わり、新しい人生の楽しみがひろがりはじめる。

茨畔《いばらぐろう》も崖路《がけみち》も

真実に生きる人生。
おやさまのひかりに照らされて、
みずからの足で通りぬけるところ、
新しい展望がひらかれる。

いかなるも、
茨畔《いばらぐろう》も崖路《がけみち》も、
剣《つるぎ》の中も火の中も、
前々《ぜんぜん》の理を以《もっ》て
説いたる処《ところ》、
見るも
一つの道という。
（明治二二、八、四）

茨畔も崖路も

「茨畔も崖路も、剣の中も火の中も、前々の理を以て説いたる処」という、おさ

しづを耳にすれば、ただちに、おふでさきの、

　やまさかやいばらぐろふもがけみちも
　つるぎのなかもとふりぬけたら　一 47
　まだみへるひのなかもありふちなかも
　それをこしたらほそいみちあり　一 48

という一連のおうたが、こころに浮かぶ。

いかなる道も、おやさまの「ひながた」に学び、一つひとつ通りぬけることによって、道は八方にひろがる。

　神一条の道、真実に生きる人生は、おやさまのひかりに照らされて、みずからの足で「とふりぬける」、あるいは「こす」ところに、ひとつの道がみえ、新しい展望がひらかれる、とさとされる。

　どのような苦難の中も、おやさま「ひながた」の輝きによって、こころいそいそすすむことができる。「難儀なをやの通りた理が分かれば皆《みな》分かる」と、ことばを添えられている。

いゝ、たすけとても
一日なりとも
いゝ、いゝ、ひのきしん、
一つの心を楽しみ。
（明治二三、六、一五）

一日なりとも

にちにちに神へ寄進《きしん》する。それが、ひのきしん、すなわち、日の寄進である。陽気ぐらしの人生。そのにちにちの具体的な暮らしかた、生きる態度を教えられるのが、ひのきしんである。

みかぐらうたには、

やむほどつらいことハない
わしもこれからひのきしん　三下り目　八ッ

と、「かりもの」の世界に暮らさせていただいていることに目覚め、生かされているよろこびいっぱい、「わしもこれからひのきしん」と、こころを定めて生きることを明示される。そして、

ひとことはなしハひのきしん
ふうふそろうてひのきしん
もつこになうてひのきしん
よくをわすれてひのきしん

と、ひのきしんの種々相についてさとされる。このうえにたって、おさしづでは、「一日なりともひのきしん」というこころを定め、「してもらう」のが当たり前から、「させていただく」人生への転換をうながされる。

心配する
というは
心に
曇《くも》りあるから。
（明治二四、一一、一五）

心配する

どんなに環境に恵まれ、物にかこまれても、こころがうっとうしい、こころがくもっていては、せっかくの物も境遇も、素敵な人も、その意味をなさなくなる。

辞書は、「心配」を、

「①心を配って世話すること。こころづかい。配慮。②心にかけて思いわずらうこと。また、不安に思うこと。気がかり。うれえ」(『広辞苑』)と、二つにわけて説明している。

おなじようにこころをつかっても、こころを配って世話するというのと、こころにかけて思いわずらい、不安に思うのとでは、明るい方向と暗い方向にわかれる。

これからさき、どうなるのであろうか。なにか起こりはしないであろうか。ゆきさきを案じる。それでは、心配は先案じになってしまう。

明らかなら心に心配は要《い》らん。
心配するというは心に曇りあるから。

とさとされている。

にちにち、「かりもの」の教えに照らして、こころのくもりを払って暮らすかどうか。それによって、明暗二つにわかれる。

細道
通りよい、
往還道《おうかんみち》は
通り難《に》くい。
（明治二二、一一、一）

細道と往還道

なにごとについても、姿や形が整い、立派になるということは、結構なことである。

しかし、ややもすると、目にみえる、姿や形にのみ目がうばわれる、というようになってしまいがちである。

目にみえる姿や形とともに、目にみえないもの。この両方をみなければいけない。

人生を「みち」にたとえるならば、だれしも、「往還道は通りよい、細い道は通り難くい」と思って暮らしている。

ところが、それとは逆のことをさとされる。「細道通りよい、往還道は通り難くい」といわれる。日常的な、通常の物のみかた、考えかたを逆転させる、矛盾するようなおさとし。だが、「この理をよく聞き分けて悟れ。悟れば分かる」と、おさしづは、つづく。

そして、「さあ心に掛けて通るから、細道は通りよい」と、生かされて生きる、という本真実に目覚め、こころをつくして通る楽しみを指示される。

＊「往還道」とは、東海道、中山道《なかせんどう》などの街道。立派な大道。

夏なれば単衣《ひとえ》、
寒くなれば袷《あわせ》、
それ〳〵
旬々《しゅんしゅん》の物を拵《こしら》え、
それを着て
働くのやで。
（明治二三、三、一七）

夏なれば単衣

おやさまは、ご存命でおはたらきくださっている。
そのことを、「御守《おまもり》はこれまで教祖の御衣物《おきもの》を御守に用《もち》い来たりしに、皆出《みなだ》して了《しま》いになり、この後は如何《いか》に致《いた》して宜《よろ》しきや伺《うかがい》」という、赤衣《あかき》の「おまもり」についての伺いおさしづにおいて、具体的に明示される。

　すなわち、

　夏なれば単衣、寒くなれば袷、それ〳〵旬々の物を拵え、それを着て働くのやで。

　姿は見えんだけやで、同《お》んなし事やで、姿が無いばかりやで。

とさとされる。

　そしていまも、おやさまがお召しになった赤衣は、「おまもり」として下付くださっている。

「悪難除《あくなんよ》けお守《まも》りというて、おぢばからだすのは、子どもが可愛《かわい》い一条から、大《だい》難《なん》は小難《しょうなん》、小難は無難《ぶなん》にたすけたい。それには、この守りのように、あかきこころになれとて、おだしくださる」

と、『正文遺韻《せいぶんいいん》』は、「おまもり」について記している。

一人《いちにん》救《たす》けたら
万人《まんにん》救かる
という心
持ってくれ。
（明治三七、一二、一四）

一人・万人

なにからでも、人によろこんでいただきたい。人にたすかっていただきたい。にちにち、うれしく楽しく、いそいそと、陽気ぐらしのよろこびを伝えさせていただく。

その基本は、「一人救けたら万人救かる」というこころをもって生きるところにある、とさとされる。

ひとりの人を大切にする。ひとりの人をたすける。ひとりの人にたすかってもらうことは、万人という、無限の人にたすかっていただく糸口である。また、ひとりの、真実にたすけられた人は、末代にわたってたすけられる。

「一人の中に三人五人も何十人もある」といわれる。ひとりの中に無限の人をみることができるならば、家庭や社会における、わたしたちの一人ひとりの、具体的な生きかたが変わる。

毎朝、あの、ひとりの人、この、ひとりの人のたすかりのために、なにを、わたしはさせていただけるか教えてください、と神に祈り、一日がはじまる。

そのにちにちは、わたしを変化させる。その一波が万波をよんで、ひろがりはじめる。

「一人救けたら万人救かる」とは、人間としての真実の生きかた、あるいは、人間関係の基本である。

年取れたる
又《また》
若き者も
言葉第一。
(明治三四、六、一四)

ことば第一

「ありがとう」の、このひとことが、どれほど、人のこころをゆたかにするであろうか。

また、たとえ小さな、ささいなことにみえても、その中に、よろこびの種をみつける。そして、それに添えられる、はげましのひとことは、人生のよろこびを感じとるこころを育てる。

ところが、毎日、いそがしい、いそがしいという。いそがしさというものに追いかけられていると、「かりもの」のご守護の世界において、生かされていることを忘れがちとなる。

いつのまにか、小さな事柄、ささいな出来事の中に、よろこびの種をみつける目を失い、グチや不平不足が多くなる。

おさしづでは、「年取れたる又若き者も言葉第一」とさとされている。「ありがとう」という感謝のことば、あるいは、はげましのことば。それらは、「年取れたる又若き者」を問わず、いうものいわれるものに、新しい、生きる力を与え、こころをゆたかにする。それが、かぎりない、よろこびへとひろがっていく。

日々《にちにち》
八つ〳〵の
ほこりを
諭《さと》して居《い》る。
（明治三二、七、二三）

八つのほこり

ちょっと気をゆるすと、きれいに掃除してあったとしても、もう、「ほこり」（埃）はつもっている。しらずしらずのうちに、「ほこり」はつもり重なり、気分を暗くさせる。

わたしは、わるいことをしたおぼえはない、という。わたしは、正しい道を通っている、という。ところが、毎日毎日、胸が晴れず、気分はおもしろくない、という。

それは、胸に「ほこり」がつもっている姿、と教えられる。

「をしい、ほしい、にくい、かわいい、うらみ、はらだち、よく、こうまん」の八種をあげて、こころの治めかた、こころづかいの反省をうながされる。

おさしづでは、

日々八つ〳〵のほこりを諭して居る。
八つ諭すだけでは襖《ふすま》に描《か》いた絵のようなもの。
何遍《なんべん》見ても美《うつく》し描いたるなあと言うだけではならん。
めん〳〵聞き分けて、心に理を治めにゃならん。

とさとされている。

わがこころの「ほこり」は、人に頼んで払ってもらえるものではない。めいめいが、みずから払わせていただくところに、ゆかいな気分、こころのよろこびがひろがりはじめる。

見るもいいんねん、聞くもいいんねん。

（明治二三、九、二七）

みるもいいんねん

にちにち、身のまわりには、いろいろなことがあらわれてくる。都合のよいことばかりではない。

そのあらわれてきた事態にたいして、あそこがよくない、いや、これがいかん、あの人がわるい、などという。耳にはいってきた事柄についても、あれがいかん、これがいかん、という。

こうして、問題の解決よりも、あらわれてきた事態、事柄にふりまわされて、解決の道をふさいでしまう。

いりくんだ、もつれた糸をときほぐす。そのこころの治めかたの基本を教えられる。

見るもいいんねん、
聞くもいいんねん。
添うもいいんねん。

といわれる。

どんな中も、どんなことが起こってきても、素直に、謙虚に、そのままを認め、受け入れる。そのことは、神の親心からなっていることであると、たとえじぶんにとって、都合がよくなくても、「わがこと」として素直に受け入れることができる。そのときが、解決の糸口のみつかったときである。

みる、聞く。

その中に、神のこころを読みとり、そこに、よろこびと楽しみをみつける。そして、そのよろこびのこころをつくる。信じて生きる世界のはじまりである。

めん〳〵
思《おも》わくを立てるも、
暖味《ぬくみ》水気《すいき》が
あればこそ。
（明治二七、一二、一二）

暖味と水気

ことしは、こうしよう、と思惑を立てる。この仕事が片づくと、つぎは、ああして、こうして、というように、思惑をもって暮らしている。

しかし、ついつい、寒くなると、暑いほうがいいなあ、と思い、暑くなると、こんどは、寒いほうがいいなあ、と勝手なことを思う。

それほど、じぶんの、いまの都合や勝手というものによって、わたしたちは、物事を眺め、考え、判断をしている。そして、思惑どおりに事柄がすすまない、といっては腹を立てる。

たとえ、いま、事柄がうまくすすんでいても、思惑どおりに物事が運ばないときには、どうしよう、と先案じまでして、こころをくもらせてしまう。

おさしづでは、

銘々《めえめえ》思わく思うも、

めん〳〵思わくを立てるも、

暧昧水気があればこそ。

と、さとされている。

「身上《みじょう》かりもの」ということ、暧昧水気五分五分《ぶ》の、大きなご守護にまもられ、生かされて生きているということを、端的に語られ、神のモノサシに照らして生きる道をしめされる。

根出しの
よい方へは
枝が栄える。
（明治二九、一〇、一〇）

根と枝

辞書の「ねざし」の項には、
「根ざすこと。根が地中にしっかり伸びること。また、その根」（『大辞林』）
と記している。
植物の根が、地中にしっかりと張り、伸びることによって、地上の枝葉も茂り、栄える。

ところが、わたしたちは、人の目にみえない、形にあらわれない事柄に、こころをつくすのは、むだなこと、つまらないことと考えて暮らしている。

しかし、わたしたちの暮らしの大部分は、目にみえないほど、かぎりなく大きなご守護につつまれ、支えられて成り立っている。

おさしづでは、

根出しの悪い方へは枝が枯れる〳〵。

根出しのよい方へは枝が栄える。

こら何《なん》でもない話と思えば、何でもない。

と、さとされる。

人の目にみえない、形にあらわれない事柄に、しっかり真実をつくす。みずからの、人生の根を養いつちかうこととの楽しみの世界を指示される。

＊「ねだし」は「ねざし」のこと。

ずつない事は
ふし、
ふしから
芽を吹く。
（明治二七、三、五）

ふしから芽を吹く

思うように物事が進展することほど、にちにちの暮らしにあって、うれしいことはない。だが、それに慣れてしまうと、それほどのよろこびとして感じられなくなってしまう。

物事が、思うように運ばなくなる。懸命に努力をつみ重ねている、と思っているのに、思うようにならない。身上《みじょう》のさわり、また、事情のもつれともなる。苦しむ、悩む、せつない。どうしてよいかわからなくて、途方にくれるようなこと。それは、人生の「ふし」であるといわれる。「ずつない事はふし、ふしから芽を吹く」とさとされる。

植物が、節から芽を吹き、花を咲かせる。そのように、いままでみえなかったものが、みえてくる契機ともなるのが、「ふし」である。「ふし」をとおして、こころの成人への階段をのぼることができる。

しかし、ささいな、ちょっとした「ふし」に、こころを倒し、こころをくさらせてしまいがちである。おさしづは、「やれふしや〳〵、楽しみやと、大き心を持ってくれ」とつづく。「ふし」を生かし、新しい世界のひろがる人生への歩み、こころの成人をうながされる。

極楽世界

極楽は、どこにあるのか。
おやさまの足あとにある。
おやさまの足あとさえふめば、
極楽にゆける。

極楽世界に
こんな事と言う。
皆《みな》
楽しみ集めて
寄せたる。
（明治二六、二、二六）

極楽世界

これまで、極楽といえば、天国にあるとか、西のほうの十萬億土《じゅうまんおくど》のかなたにある、と信じられてきたが、極楽は、かなたにあるのではなく、「こゝはこのよのごくらくや」（みかぐらうた　四下り目九ッ）と教えられる。

その極楽の道、陽気ぐらしの道を、おやさまはおしめしくださったが、おさしづでは、「極楽世界にこんな事と言う。皆楽しみ集めて寄せたる」と、陽気ぐらしのポイントをさとされる。

先人は、

「天理教にも極楽がある。それは何処《どこ》にあるか。天にあるのでもなければ十萬億土の彼方《かなた》にあるのでもない。それは即《すなわ》ち教祖のあしあとにあるのである」

「教祖の足あとさへふめば極楽に行ける。即ち安心の境地に達する事が出来るのである」（宮森《みやもり》与《よ》三郎《さぶろう》「教祖の足跡」）

と語っている。

みかぐらうたでは、さらに、つぎのようにしめされている。

よくにきりないどろみづや
こゝろすみきれごくらくや
十下り目　四ッ

一つ大き
理を定め。
旬《しゅん》来れば
花が咲く。
（明治二五、五、一）

大きい理

いくら種をまいても、きょうまいて、きょう芽が出て、花が咲き、実がつくように考えてはならない。

旬がくれば花も咲き、実ものる。だから、急いではならない、案じることはいらん、といわれる。

急いだり、案じたりしていては、「とき」を生かし、「もの」を生かし、さらには、「人」をいさますということが消えてしまう。急ぎながらも、急ぐことのない態度をうながされている。

それには、「一つ大き理を定め」と語られるように、末代に向かっての大きなヴィジョンを描き、それに向かっての歩みを、こつこつとつみ重ねることである。目標のない、ヴィジョンのないところには、現実にたいして柔軟に対処する余裕が失われる。

いつまでも、新鮮さとわかさを保ち、ひろい度量をもっての判断ができるかどうか。

それは、現状に謙虚に耳を傾けつつ、「一つ大き理」を定めて、その歩みを、具体的に、着実にすすめることができるかどうか、である。

世界から
あんな阿呆《あほ》は無い。
皆《みな》、人にやって了《しも》て、
後《あと》どうするぞいなあ、
と言われた日は
何《なん》ぼ越したやら分からん。
（明治三二、二、二）

あんなあほうはない

おやさまは、「世界からあんな阿呆は無い」といわれつつ、「こゝろすみきれごくらくや」（みかぐらうた　十下り目四ッ）という、こころゆたかに、こころいそいそ生きる道をおしめしくださった。それは、小さなじぶんの殻をぬけて、大きく成人する歩みでもある。

「神様には、あほうが望みと仰《おっ》しゃるのやで」

と、おやさまにじかに導かれた先人は語っている。

そして、利口とくらべながら、

「一つ叩《たた》かれたら二つも三つも叩く。一言言われたならば二言も三言も言い返しをするのが、利口の人の返しや。

それをあほうになって、叩かれても叩き返しをせぬのが誠や。神様がお返しをして下さるのやという心になっているのやで」

という、おことばをつづけ、さらに、

「『どうぞどうぞ神様、その人たちを救《たす》けてやって下さいませ』と、まだ神様へその人の事をば、お願いをしてあげますするのが、これが真実の誠でありります」

（増井りん「あほうが望み」）

と結ばれている。

身の内の障《さわ》り、
痛み悩みは
神の手引《てびき》
とも諭《さと》したる。
（明治二八、三、一八）

神の手引き

人生には、予期しないことも起こる。都合のよくないこと、身の内のわずらいや事情のもつれが重なることもある。

みかぐらうたに、「やまひのもとハこゝろから」（十下り目十ド）といわれるように、基本的には、にちにちの心得ちがい、こころの「ほこり」が身にあらわれる、

と教えられるが、おふでさきには、

なに丶てもやまいいたみハさらになし
神のせきこみてびきなるそや　　二　7

と、「やまいいたみ」は、「神のせきこみ」「てびき」であるといわれる。おさしづでは、「身の内障り、痛み悩みは神の手引とも諭したる」とさとされる。

ややもすると、わたしたちは、あのときに、ああした心得ちがいをしたから、こうして、いま、苦しまなくてはならない、というように考える場合が多いが、失敗も病気も生活上のトラブルも、それは、「神の手引」である。

現在の出来事を、すぎてしまった事柄の結果として、思案して処理するのでなく、将来への準備として思案することをうながされる。

「さあ〳〵楽しめ〳〵」と、おさしづはつづく。

皆々《みなみな》
心はすっきりと
成っても成らいでも一つ、
どうでもこうでもという
心を定め。

（明治三八、三、三〇）

どうでもこうでも

こころを定める。そして、そのことを、いちずに思う。どうでもこうでもと、思いつづける。

先人のひとり、片山好造《かたやまよしぞう》は、「思い十年の理」ということばを、得意のことばとして説いたといわれる。

「思い十年の理」について、片山好造は、

「世界地図を部屋に掲げて、如何《いか》にすれば彼《か》の地につながりが出来ようか、どうにかして彼の地に機縁が恵まれたいものと、そのことを一途《いちず》に思い念じて十年間、わしは思いの理をアメリカ伝道にふせこませていただいた」（片山竹志《たけし》『のびる教会』）

と語っている。

さらに、高野友治《たかのともじ》『伝道者――片山好造伝』は、

「総《すべ》て一つの事が成るためには、先《ま》ず一人の人が切に思い、思い続ける。その熱意が側《そば》の人に伝わり、伝わり伝わって大きな雰囲気が出来てくる。そうして一つの事が成る。そのためには少なくとも十年の年限を要するという意であるらしいが、彼のアメリカ伝道も思い十年、あるいは二十年の後に実現したのであった」

と記している。

こんな事
という理は
大きな理や。
（明治二三、六、一七）

こんなこと

ほんなんでもないこと、ささいなことと思ってしたことが、年限がたって、大きな意味を帯びてくることがある。

おさしづに、

小さい事のように思うなよ。
こんな事という理は大きな理や。

といわれる。

つい、こんなことぐらいと、うっかりと、うちすててしまって、通りぬけてしまう。しかし、こんなこととという、小さなことの中に、大きい理がこめられていることを、忘れてはならない。

じっさい、人と人とのかかわりあい、ということをみても、ほんのちょっとしたことばひとつで、思いがけないような展開をするものである。

小さいことと思ってうちすててしまうが、どんなことも、一からはじまるので、小さいことが大きくなるのである。

「一点から皆始《みな》まる。最初は皆分からん。一点打つ時はどんな理か分からん」とつづけて、おさしづは語られる。

ご守護の世界にあって、小さなことに、もっとこころをつくして生きることをうながされる。

一里行《ゆ》けば一里、
二里行けば二里、
又《また》三里行けば三里、
又十里行けば十里、
辺所《へんしょ》へ出て、
不意《ふい》に一人で難儀はさゝぬぞえ。

（明治二〇、四、三）

一里行けば一里

なんでもこれからひとすぢに
かみにもたれてゆきまする

三下り目　七ッ

と、みかぐらうたに記されている。神にもたれるとは、ただ親神にお願いしておればよい、というのではない。おさしづでは、「この道は、常々に真実の神様や、教祖《おやさま》や、と言うて、常々《つねづね》の心神《こころ》のさしづを堅くに守る事ならば」と、さとされている。

にちにち、かぎりなく、大きなご守護につつまれて、生かされて生きていることに、こころからお礼を申しあげる。そして、身をもってつとめさせていただくことである。

「身上《みじょう》かしもの・かりもの」の理を聞きわけ、こころいそいそ、身をもって教えの理をつらぬいて生きる。そうすれば、「一里行けば一里、二里行けば二里、又三里行けば三里、又十里行けば十里、辺所へ出て、不意に一人で難儀はさゝぬぞえ」と、具体的に、はっきりとしめされている。

「この世は神のからだ」といわれるように、親神のふところ住まいをさせていただいている。案じることはない。そのとき、「後《あと》とも知れず先とも知れず、天より神がしっかりと踏ん張りてやる程に」といわれる。

何程《なにほど》
物沢山《たくさん》あったて、
心に掛かりて
楽しみあらせん。
（明治三四、七、一五）

こころにかかる

おさしづに「心に掛かりてはならん」といわれる。わたしたちの身のまわりに、物がたくさんある。また、境遇に恵まれる。それは、結構なことである。物が豊富に与えられる。身のまわりが、すてきな物でかこまれる。これほどよいことはないようにみえる。

しかし、こころに、心配なことととして気になることがうまれる。あるいは、不満というもの、むなしさというもの、なにがどうということかはっきりはしないが、不安というものが、こころにうまれて、はなれなくなる。

このようになると、せっかくの豊富な物や財力も、また、境遇も、その値打ち、その輝きが消えてしまう。もう、なんの意味ももたなくなる。

何程物沢山あったて、

心に掛かりて楽しみあらせん。

とさとされる。「身の内かりもの」の理を胸に治め、こころを大きく改めて、こころを定めて生きる道をしめされる。

「心に掛かりて、心に楽しみあらせん」「何程沢山あったて、楽しみ無い」ともさとされる。

長くの道すがらなら、
照る日もあれば
曇《くも》る日もある。
（明治二八、一、一四）

照る日、くもる日

人生は、いつも思いどおりに物事が運ばれる、というのではない。

長くの道すがらなら、

照る日もあれば曇る日もある。

といわれるように、思いもかけない苦しみに、あるいは、悩みというものに出会うものである。

おさしづは、さらに、

雨も降れば風も吹く。

どんな日もある。

と、つづけて語られる。じっさい、都合のよいことばかりが、人生ではない。だが、わたしたちは、ややもすると、そのとき、その場だけの目でもって、事柄のよしあしを判断してしまいがちである。ただ、いまのいまだけの事情、状態によって、こころを閉ざし、こころをふさいでしまってはならない。こころの向きを転換することである。わたしたちは、「かりもの」の世界、ご守護の世界に暮らしているのである。

「心たっぷり大きく持って治めば治まる」とうながされるが、つらいこと、苦しいことのむこうに、楽しみの訪れを聞きとる大きいこころと長い目をもって、ふんばりきることである。

「何も案じる事はありゃせんで。よう楽しめ楽しめ」ともさとされる。

皆《みな》成程《なるほど》の理が分かれども、
日々《にちにち》の理が分からねば、
どうもならん〳〵。
（明治二二、四、一七）

にちにちの理

にちにち、真実のこころをつくして生きる。それほどのよろこび、楽しみはない。「皆成程の理が分かれども、日々の理が分からねば、どうもならん〳〵」といわれる。

この道のはなし、真実の親なる神のはなしは、こころ楽しんで、聞いたうえにも聞かせてもらう。説いたうえにも説かせてもらう。そして、にちにちの理がわかるところまで、こころにうなずきをもって、聞きわけさせていただくことである。

いつまでしん〳〵したとても
やうきづくめであるほどに
五下り目　五ッ

と、みかぐらうたに記されているが、にちにち、笑顔のない暮らしというのは、どこかこころの治めかたの筋道がまちがっている。陽気づくめであるほどに、としめされている。

おさしづは、「をやの話、をやさんの話やと楽しました。成程の理が分かりても、日々の理が分からにゃ、何時《なんどき》に何程《なにほど》の井手《いで》が崩《く》えるやら、潰《つぶ》れるやらこれ知れん」とつづく。

これほど、にちにち、なるほど、と教えの理を聞きわけ、こころをつくし、身に治めて通ることの大切さを説かれる。

夜々《よるよる》、
あれこれ
なあ何時《なんどき》、
余程《よほど》なあ、
もう鶏《とり》が鳴く。
（明治三一、八、二六）

もう鶏が鳴く

おさしづは、
あれかいなあ、
それ〳〵
夜前《やぜん》もなあ、

今夜もなあ。

もう寝《やす》もうやないか〳〵。

とつづく。どん底の道中、秀司《しゅうじ》先生とこかん様は、夜ふけまで、神のはなしをたよりに、夜々、あれこれ、道の将来を案じ、語りあってお通りくださった。

いつのまにか、時間はすぎる。もう今夜も遅い。何時になるのだろう。遠くで、もう鶏が鳴く。鶏鳴きて夜《よ》深し、というが、昨夜も、そして今夜も。

兄さん

もう寝も〳〵。

寝め〳〵。

と語られる。そして、おさしづは、「さあこんな事は誰でも知らんで」とことばを添えられ、だれにも知られていないつみ重ねのうえに、今日《こんにち》の道があることをいわれる。

＊「鶏鳴きて夜深し」について、『日本国語大辞典』は、「思い立ったことの結果の良否の見通しがまだ立たない」と説明している。

心から
真実蒔《ま》いた種は
埋《おぼ》ってある。
（明治二三、九、三〇）

まいた種

やしきハかみのでんぢやで
まいたるたねハみなはへる
七下り目　八ッ

と、みかぐらうたに記される。人がみとめてくれる。ほめてくれる。お礼もいってくれる。そんなことだったらするというのは、種まきというのではなく、石のうえに種をおくようなもの。おさしづでは、

石の上に種を置く、
風が吹けば飛んで了《しま》う、
鳥が来て拾うて了う。
生《は》えやせん。
そして、
心から真実蒔いた種は
埋ってある。
といわれる。なんとか、神様におよろこびいただきたい、人にたすかってもらいたい、と、こころをつくす。
種というのは、小さなものであるが、地面にまかれ地中に埋められると、旬《しゅん》がきて、発芽し、大きく成育する。たとえ、地面にまかれた種がわからなくても、「鍬《くわ》で掘り返《かか》やしても、そこで生えんや外《ほか》で生える」とさとされる。

苦労あろうまい

自己中心のこころを、
ころりと転換する。
生かされていることに目がひらかれ、
よろこびの味わいがふかまりはじめる。

心改めたら
苦労あろうまい。
陽気遊び
と言うたる。
（明治二八、五、三一）

苦労あろうまい

わたしは苦労した。わたしほど、つらいめにあったものはいない。仕事のことにしても、生活のことにしても、わたしほど、苦しい思いをしてきたものはない、と思って、わたしたちは、ややもすると暮らしている。

だが、おさしづには、

又《また》しても苦労は、
心で苦労して居《い》たのや。
楽しみ、
心改めたら苦労あろうまい。
陽気遊びと言うたる。

といわれる。

自己中心のこころを、ころりと転換する。

人のためにこころをつくし、人をたすけるこころにならせていただく。すなわち、真実の親のふところで、かぎりなく、大きなご守護につつまれて、生かされていることに目がひらかれ、「かりもの」のご守護に恵まれて生きるという、よろこびの味わいをふかめはじめる。

そのとき、いろいろな苦労、いろいろな経験をしただけ、人情の機微によくつうじ、人のよろこび、人の悲しみが、よくわかり、真実の親にもたれて通る、陽気遊び、陽気ぐらしの世界がひろがる。

ならん中
たんのうするは誠、
誠は受け取る。
（明治三〇、一〇、八）

ならん中

おやさまの八七歳の春。明治一七年（一八八四年）。おやさまは、一二日間、奈良監獄署にご苦労くださった。このとき、おやさまとともに、一〇日間、入牢拘禁《にゅうろうこうきん》されたのが、鴻田忠三郎《こうだちゅうざぶろう》である。

この奈良監獄署において、おやさまは、

「そうそう、どんな辛《つら》い事や嫌な事でも、結構と思うてすれば、天に届く理、神様受け取り下さる理は、結構に変えて下さる。なれども、えらい仕事、しんどい仕事を何《な》んぼしても、ああ辛いなあ、ああ嫌やなあ、と、不足々々でしては、天に届く理は不足になるのやで」（『稿本天理教教祖伝逸話篇』）

と、鴻田忠三郎におさとしくださった、という。

思うようにならない、どんな中も、どんな事柄にたいしても、「結構」と受けとめて通る。それは、たんなる満足とか妥協とかというものではない。どんな暗がりの中にも、ひとすじの親神のひかりを、ジッとみつめて生きる歩みである。

おさしづでは、

ならん中たんのうするは誠、

誠は受け取る。

といわれ、「ならん中たんのうするは、前生《ぜんしょう》さんげ〳〵と言う。ようこれ聞き分け」ともさとされる。

成る理が
難《むつか》しやない。
成らん理が
難しい。
（明治二二、三、二一）

なる・ならん

こころというのは、どんな形をしているのかといわれても、その形を説明することはできない。

それなら、こころというのはないのか、というと、物事がうまく運ぶとき、つまずくとき、いつも、こころというものがかかわっている。

成る理が難しやない。
成らん理が難しい。

といわれる。

思うように物事が運ぶときには、こころをつかう必要はない。だが、思うようにならないときには、こころをつかわなくてはならない。

こころをつかう。それはむつかしいことであるが、そのむつかしい中に、楽しみというものもある。生かされて生きるという真実に目覚めると、悩みも、つまずきも、楽しみであり、よろこびである世界がひらかれる。

おさしづは、つづけて、「成らん中より運ぶ中の心がこの理が深きという」とさとされる。

ならん中、こころをつくして生きるところに、人生の醍醐味《だいごみ》があるといわれる。

世界から
神の理を見て
鏡やしき
と言うのや。
（明治二二、七、三一）

鏡やしき

子どもは、親心ないしは親のあたたかいまなざしによって、育つ。

人は、あたたかいまなざしによって、あきらめないで、みずからを発見し、伸ばすことができる。

おさしづでは、

世界から
神の理を見て
鏡やしきと言うのや。

といわれる。

教会へ足を運び、おぢば、親里に、たび重ねて帰らせていただく。

そして、親なる神の、かぎりなくひろく、かぎりなく大きな親心にふれる。そのことによって、それまで、およそわからなかった、およそみえなかった、ほんとうの、みずからの姿が、映しだされてくる。

鏡というは
何処《どこ》から何処まで分かるが鏡やしき。

とつづいてさとされる。

目さきの損得を超えた、親の真実に照らされる。そうすると、それまで気づかなかった、ほんとうのじぶんを生かして生きる道が、浮かびあがってくる。

言《ゆ》わん言えんの理を
聞き分けるなら、
何かの事も
鮮やかと言う。

（明治二三、四、四）

いわんいえんの理

ああもしてもらいたい、こうもしてもらいたい、と思って暮らしてきた。しかし、神のはなしの理を聞きわけはじめる。すると、わたしも、すこしは、ああさせてもらおう、こうもさせてもらいたい、という目がひらかれてくる。そうすると、身のまわりの情景も、ちがった意味を帯びはじめる。それまでならば、じぶんの都合にとって、これはよく、あれはよくない、と、はっきりみえたものが、だんだん変化しはじめる。

日常の、通常のことばのレベルにおいては、「どうせこうせこら言《ゆ》わんこれ言えん」と、おさしづに語られる、新しい世界がひらかれてくる。

この世界は、

言わん言えんの理を聞き分けるなら、

何かの事も鮮やかと言う。

といわれるご守護の世界である。

そのご守護の世界を読みとる基本は、「それ人間という身の内という、皆神《みな》のかしもの・かりもの、心一つが我がの理」という角目《かどめ》にある、といわれる。

ようこそと言うて、
言葉の満足
さゝにゃならん。
（明治三一、二、二）

ことばの満足

人に、なにかしてもらう。
ところが、こんなことぐらい、してもらって当たり前だ。あれぐらい、してくれても当然だ。そのように思って通る場合が、多い。
おさしづには、
働き損には出けん。

働き損にしてはならん。

といわれる。一生懸命にさせてもらったけれども、してよかったという、さわやかな気分を、こころの底に残さないで、どこかむなしい気分、つかれだけが残るようではならない。

ようこそと言うて、

言葉の満足さゝにゃならん。

とさとされる。ようこそ、ここまで、あなたのおかげで、ほんとうにありがとう、と、ことばの満足を与える。その満足は、こころの奥底に、してよかった、させてもらってよかった、という印象を刻みつける。

おさしづは、さらに、「心に楽しみも付けてやらにゃならん。肥《こえ》するも同じ事」ともさとされる。ことばの満足を与えることは、こころに楽しみをつけることであり、農作物に肥料をおくこととおなじだ、といわれる。

さあ
今と言う、
今と言うたら今、
抜き差しならぬで。
（明治二〇、一、一三）

「いま」という

おふでさきには、

このたびハとのよな事もつみきりて
もふさしぬきハさらにてけんで
十二 41

けふの日ハよこめふるまもゆたんしな

なんどきとんな事があるやら　十二43

と、時が満ちてくる「いま」について記されている。

ところが、わたしたちは、こんな困難な状況に追いこまれるのだったら、きのう、あのときに、ちょっと手をうっておけばよかった、といっては、悔やむ。

あるいは、このむつかしい事情は、明日《あす》また、もうすこし様子をみてからにしよう、といっては、ひきのばしてしまいがちである。

おさしづは、「さあ今と言う、今と言うたら今、抜き差しならぬで。承知か」と、こころ定め、決断を迫られる。

このむつかしい事情、この困難の中の「いま」を生きる。「いま」の「いま」を、ここで、生かしきることをうながされる。

ここにこそ、信じて生きる世界への目があり、ここから、真実の世界はひろがりはじめる。

小さい心では、
にっちもさっちも
どうにもならん日に
及ぶで。
（明治四〇、三、一三）

にっちもさっちも

辞書をみると、「にっちもさっちも」ということばは、「二進も三進も」と表記されている。これは、ソロバンの用語からきたことばで、計算のやりくりをさしている。

そして、

「多く、『にっちもさっちも行かない』の形で、どうにもやりくりができないさま、窮地に追い込まれたりして身動きできないさまなどをいう」（『日本国語大辞典』）

と説明している。

どうにもやりくりができない。窮地に追いこまれる。身動きができない。行き詰まる。この点について、おさしづでは、

大きい心に成れ〳〵と言うた日がある。

といわれて、いまの目のまえのことに、

どうしたらよかろうこうしたらよかろう、

小さい心では、

にっちもさっちもどうにもならん日に及ぶで。

とさとされる。そして、将来への展望と計画をもち、二年三年と、それを楽しんで年限を重ねる道、行き詰まりのない方向をしめされる。

大きいもんが
大きいやない、
堅いものが
堅いものやない。
よう聞き分け。
（明治二〇、三、二七）

大きいもの・かたいもの

糸よりほそい、といわれる「息ひとすじ」のご守護、「かりもの」のご守護をいただいてこそ、ありがたい、結構なにちにちをお与えいただいているのである。

ところが、日常は、目先の形や事柄、損得にとらわれて、わたしたちは暮らしている。

人生のつまずきのようにみえる「ふし」をみせていただくことによって、この世は、ご守護の世界であることを教えてくださる。

おさしづでは、「見えて来たなら後で一つ〱の思《し》やんをするであろう。大きいものや、堅いもんやと」といわれるように、神の守護ほど、大きく、かたいものはない。

おさしづは、ひきつづいて、

大きいもんが大きいやない、
堅いものが堅いものやない。
よう聞き分け。

とさとされる。

人間の目からみて、これほど立派なものはない。人間の思案からは、これほど、たしかで、かたいものはない。このように思っていても、それは、「息ひとすじ」のご守護をいただいてこそである。

念ずる者でも、
用いねば
反対同様のもの。
（明治二九、四、二一）

念ずるものでも

これは、
山が崩れる、
水が浸《つ》く。
雨風《あめかぜ》や。
何処《どこ》へ駈《か》け付く所も無いというようなもの。

といわれるような大きな「ふし」、すなわち、お道を弾圧する、内務省訓令に対処する心得をしめされる、おことばの一節である。

おさしづには、

反対する者も可愛《かわい》我《わ》が子、

念ずる者は尚《なお》の事。

とおおせられ、それにつづいて、「なれど、念ずる者でも、用いねば反対同様のもの」とさとされる。おふでさきにも、

口さきのついしよばかりハいらんもの

心のまこと月日みている　十一　8

月日にハうそとついしよこれきらい

このさきなるわ月日しりぞく　十二　113

と記されている。手をあわせ念ずるとともに、聞かせていただく教えの角目《かどめ》角目を、にちにち常に、こころに、身に体《たい》して通らせていただく。そして、大事なことは「まこと」のこころをつなぐことである。

蒔《ま》かん種は生《は》えん。

（明治三六、五、二〇）

まかん種は

やしきハかみのでんぢやで
まいたるたねハみなはへる
七下り目　八ッ

みかぐらうたに、「まいたるたねハみなはへる」と、記されている。種をまかなければ芽が出ない、という理屈ぐらい、だれも知っている。だが、人生における「種まき」ということになると、はなしはべつだ、と思っている場合が多い。

わかいときは、このわかさが、いつまでもつづくように思ってしまう。恵まれて暮らすと、こんな日が、いつまでもつづくように錯覚してしまう。

そんなときに、いつ生えてくるかもわからない種をまくということは、なかなかできずに、忘れてしまう。

おさしづに、

何《なん》ぼ広く

田地田畑《でんぢたはた》あればとて、

蒔かん種は生えん。

と、いくら制度が整い、どれほど境遇や環境に恵まれても、「蒔かん種は生えん」と、さとされる。

そして、おことばは、「種無しに作れるか。種蒔かずに取れようまい。隅から隅まで蒔き下《お》ろす。蒔き下ろすで実《み》がのる。一粒万倍《いちりゅうまんばい》に返《か》やす。この理聞き分け」と、つづく。

十《とお》のもの
半《はん》の理で
九つ半まで消す。
（明治二六、六、一九）

半の理

おさしづに、
十のもので九つ半大切して、
半分だけ出けん。
十のもの半の理で九つ半まで消す。
よう聞き分け。

とさとされる。
十あるところ、九つ半までできたとする。そうすると、もう、みんなできてしまったように思ってしまう。
しかし、あとすこしというところができないために、いつのまにやら、せっかく九つ半までできているところを、消してしまう。
これは、きわめて大事なことだ、というところは、大事大切にして、できている。ところが、ほんのすこし、こんなことということころを、うっかりしてしまいがちである、といわれる。
このおさしづのしめくくりでは、「すれば、そんだら何が間違《まちご》うてある」と問いかけられる。そして、つづいて、
日々《にちにち》という、
言葉一つという、
これ聞き分けてくれるよう。
といわれる。

陽気というは

陽気というが、
神が連《つ》れて通る陽気と、
めん〳〵勝手の陽気とある。
このようにいわれる。

陽気というは、
皆《み》んな勇ましてこそ、
真の陽気という。
（明治三〇、一二、一一）

陽気というは

おさしづに、

神が連《つ》れて通る陽気と、
めん〱勝手の陽気とある。

と、「陽気」というのに、ふたつある、といわれる。

そして、

勝手の陽気は通るに通れん。
あるいは、
めん〳〵勝手の陽気は、生涯通れると思たら違うで。
とさとされる。
いまさえよければよい。いまの、じぶんの楽しみのために、じぶんに都合のいいように振る舞う。それでは、人生は「通るに通れん」とも「生涯通れると思たら違うで」ともいわれる。
それにたいして、
陽気というは、
皆んな勇ましてこそ、真の陽気という。
と、「神が連れて通る陽気」について語られる。
みんないさまして、どのような、むつかしい物事、困難な状況にたいしても、すすんで、やる気いっぱい、積極的に立ち向かう、ということをうながされる。

その場の楽しみをして、
人間というものは
どうもならん。

（明治二二、三、二一）

その場の楽しみ

おさしづに、

さあ〳〵一代は一代の苦労を見よ。長々の苦労であった。二代は二代の苦労を見よ。三代はもう何《なん》にも難《むつか》しい事は無いように成るで。

といわれる。苦労する。それは、逆境にあって、むつかしいこと、つらいことの中を、こころをつくして、なんとか物事がうまくいくように、努力を重ねることである。

そうすれば、人間の機微につうじ、世間もみえるようになる。むつかしいことはなくなる。「なれど人間はどうもならん」といわれる。むつかしいことがなくなると、ビジョンをもって、こころをつくし、努力を重ねるということ、すなわち、真実のタネ（種）をまくことをも忘れてしまう。

その場の楽しみをして、
人間というものはどうもならん。

楽しみてどうもならん。

と、おさしづはつづく。じぶんの勝手都合のよいこと、その場の楽しみしか考えなくなる。

その場の楽しみをして、真実のタネをまくことをしなくなると、どうなるか。

「その場は通る。なれども何《なん》にもこうのうのう無くしては、どうもならん事に成りてはどうもならん。これをめん〳〵もよう聞け」といわれる。

心に結構
という理を
受け取るのや。
（明治三五、七、二〇）

こころに結構

おさしづに、「我慢すれば、どんな事でも出来る」といわれるように、そこそこの物事は、ちょっと我慢することによって、可能となる。

ところが、「我慢は後々《あとあと》に応《こた》えて、心あぐさまにゃならん」ともいわれるように、あとあと、こころをくさらすことになっては、どうもならない。

おさしづは、つづいて、

何を持って来たさかいにどうする、という事は無い。
心に結構という理を受け取るのや。
結構は天のあたゑやで。

とさとされている。

「心に結構という理」については、明治一七年（一八八四年）、奈良監獄署において、おやさまは、鴻田忠三郎《こうだちゅうざぶろう》に、

「そうそう、どんな辛《つら》い事や嫌な事でも、結構と思うてすれば、天に届く理、神様受け取り下さる理は、結構に変えて下さる。なれども、えらい仕事、しんどい仕事を何《な》んぼしても、ああ辛いなあ、ああ嫌やなあ、と、不足々々でしては、天に届く理は不足になるのやで」（『稿本天理教教祖伝逸話篇』）

と語られている。

天理王命《てんりおうのみこと》というは、
五十年前《ぜん》より
誠の理である。
（明治二二、一、八）

誠の理

「私《わたくし》たちの親神様は、天理王命様と申し上げます」とは、別席のお誓いの冒頭のことばである。

天保《てんぽう》九年（一八三八年）の立教以来、五〇年かけて、親神様の思召《おぼしめし》を、「月日のやしろ」として、そして「ひながたの親」として、おやさまは、お伝えくださった。

天理王命というは、

五十年前より誠の理である。

と、おさしづに明示されている。

先人は、

「剣《つるぎ》の中、荊棘《いばら》の道であらうと、誠一つの心さへあれば天の親様は連れて通って下さる。誠は金銀財宝よりも貴《たっと》い。火にも焼けず水にも流れはしない。誠は金銭に替え難《がた》い各自《めいめい》の宝であり、身の宝であり、家の宝である」

と、「誠」について語り、そして、つづいて、おやさまの「ひながたの道」について、

「教祖のひながたといふは、この誠の道を御示し下されたのである。ひながたの道といふは、このお道の教理を聞き分けたものゝ行く道すがらであります」（土《と》佐卯之助《さうのすけ》「神恩報謝」）

と語っている。

我が事と思たら、
我が事になる。
人の事と思たら
人の事になって了《しま》う。
（明治三一、九、三〇）

わがこと・人のこと

おさしづに、
我が事した事は、皆《みな》人の事と思たらあきゃせん。
と、身の内は「かりもの」という理に照らすならば、人のためにしたこと、それを「人の事」と思ってはだめだ、といわれる。そして、
我が事と思たら、我が事になる。

人の事と思たら人の事になって了う。

とさとされる。

具体的に、先人は、この点について、

「人の事と思ふから、どうしてあげる、こうしてあげるといふのでせう。そやから、天理教では貰《もら》ふといふ事になって来なければ、いんねんははたせん」

といい、

「百姓するにも、商売するにも、職するにも、成程《なるほど》、神様の御守護をいただいて、御世話さして貰ふ、どうさして貰ふ、こうさして貰ふ、といふて暮《くら》さして貰ふのでせう。世界並は『遣《や》らう』といふ、天理教では『貰ふ』といふ」

と説いている。

つとめたことが、わがことになるか、それとも、人のことになってしまうかは、ちょっとしたちがいにみえるが、

「やらう、貰ふといふ所に帰着するのや」（宮森与三郎《みやもりよさぶろう》「だめの教《おしえ》」）

と語っている。

少しぐらい
こんな事ぐらい
という理は
むさくろしい。
(明治二四、一、二九)

こんなことぐらい

なにからでも、すこしでも、すこしでもという、真実をつくして、人のためにというこころいっぱい、にちにち、つとめさせていただく。

その真実のこころを、神様は、たいそう、およろこびくださり、ご守護くださる。ところが、おさしづに、

少しぐらい
こんな事ぐらい
という理は
むさくろしい。
といわれる。
人間の目からみれば、こんなことぐらい、と思って、人をこぼつ。陰口をいう。神は、それを「むさくろしい」とさとされる。きたならしい、といわれるのである。

人間の目には、ちょっとしたことのようにみえようとも、おさしづでは、
妬《ねた》み合いという理が
見て居《い》られん。
とつづいて語られ、「蔭《かげ》で言う事は十代罪《じゅうだいつみ》と言う。蔭で言うならその者直《す》ぐに言うてやれ」とさとされる。

届かん者は阿呆《あほう》とも言う。

（明治二八、七、二）

あほう

先人は、

「私は、心密《ひそ》かに——勿論《もちろん》私は阿呆《あほ》には違いないが——此上如何《このうえいか》にしたら阿呆に成れるであらうか知らんと、判《わか》り兼ねて居《お》りましたが、漸々《だんだん》と結構な道の御話を伺《うかが》ふにつれ、御教祖五十年の御足跡《おあしあと》を踏まして頂くには、賢《かし》こでは成らん。真《まこと》の阿呆にならねば到底《とうてい》御道を通ることは出来ないといふ事が分《わか》って参りました」

と、「あほうになれ」とはなしている。

おさしづには、

届かん者は阿呆とも言う。

届かんけれども

心一つ

実《じつ》を楽しんで通るが

道の台と言う。

とさとされるが、先人は、具体的に、

「御互ひ様に、皆各自《めいめい》が自分は阿呆である、行き届かぬ者であると堪忍《かんにん》し、たいいのうしたならば、一家は円満に、又《また》教会宣教所内は丸く治《おさま》って角《かど》がないやうになる」

と説き、

「第一心が揃《そろわ》ねばいけない、心揃《そろ》ふてこそ、始めて何事も円満に、幸福になるのであります」（平野《ひらの》好松《よしまつ》「あほになれ」）

と、語るのである。

外の錦《にしき》より
心の錦、
心の錦は
神の望み。
（明治三五、七、二〇）

こころの錦

おさしづに、「何も飾りは一つも要《い》らん」といわれる。そして、
外の錦より心の錦、
心の錦は神の望み。
飾りは一つも要らん。

と語られる。さらには、

　もう着るもの無けにゃ、

　もう無《の》うても構わん〳〵。

　　美しい物着たいと思う心がころりと違う。

と、さとされる。

　先人は、

「人は顔容《かたち》姿粧《つく》ろうよりも、心の磨きが肝心であります」

と、はなしはじめる。

　そして、つづけて、

「まず顔容姿粧ろう人は、どうしても心の磨きが足りませぬ。それよりも、心の磨きがまず肝心であります。身にどんな立派な着物を着、立派なものをつけておろうが、心遣いが間違っておったなら、神様の御守護は頂けませぬ。表面《うわべ》の飾りよりも心の磨き、心の錦が肝要であります」（増井りん「心の勤め」）

と語っている。

互いく
礼言うように
成りてみよ。
（明治三二、一〇、一）

礼をいう

にちにち、たがいに、じぶんにしてもらっていることは、それは当たり前、としてしまう。そして、相手にたいしては、「そらどうしたらいかん、こうしたらいかん」という。

相手のよくないところ、たらないところを指摘する、文句をいう、不足をいうということになってしまいがちである。

だが、あれがいかん、これがいかん、というてばかりいると、
仕舞《しまい》に
いかんようになる。
互いく
礼言うように成りてみよ。
と、おさしづに語られる。こころをつくし、こころをこめてつとめていても、
不足ありて
丹精と言えるか。
とさとされる。
「どうしたらいかん、こうしたらいかん」という、せめことばが、「ありがとう、ありがとうございます」という、お礼ことばに変わるところ、事情のむすぼれは、いつのまにやらほどけてしまう。
「日々皆《にちにちみな》礼言わにゃならん」と、さらにつけくわえられる。

朝

結構という中に、
明日《あす》という。

（明治二五、六、三）

朝、結構という中に

一日の日は、朝にはじまる。

にちにちの具体的な通りかたについて、聞かせてくださったおはなしに、「朝起き、正直、はたらき」がある。その実行を、おやさまは、モミ種をもっておさとしくださっている。

だが、「朝起き」ぐらい、ちょっとしたことではないか、と思う。けれども、種というものは、そのちょっとしたものであっても、年限とともに、どれだけのものになるともしれない。

一日と言えば、

朝結構という中に、

明日という。

とさとされている。

新しい朝。目がさめる。きょうも、新しい日をお恵みいただいた。ありがたい。結構な、新しい日をお与えいただいた。元気で、起きさせていただく。

こうして、一日を迎えて通るところ、「朝結構という中に、明日という」といわれるように、明るい、明日という日がひらかれる。

優しい心

神の望み。

（明治三四、三、七）

やさしいこころ

むごいこゝろをうちわすれ
やさしきこゝろになりてこい　五下り目　六ッ

と、みかぐらうたにおいて、「やさしきこゝろ」になることをうながされる。

おさしづでは、

どんな事も
心に掛けずして、
優しい心

神の望み。

と、人を「育てる心」について指図される。そしてさらに、「人に満足さすは、教祖《おやさま》の理」といわれて、「ひながた」の道をたどるポイントがしめされる。

おやさまの逸話には、

「やさしい心になりなされや。

人を救《たす》けなされや。

癖《くせ》、性分《しょうぶん》を取りなされや」（『稿本天理教教祖伝逸話篇』）

というおことばが残されている。

「やさしい心」になる。それは、「人を救ける」ということと、「癖、性分をとる」ということと、ひとつづきのおさとしとして語られている。

神の理薄なりて
何《なん》の守護
有るか無いか、
よう聞き分け。
（明治三一、一、一九）

神の理

ふじゆうなきやうにしてやらう
かみのこゝろにもたれつけ
九下り目　二ッ

と、おおせくださるように、この世は、「かりもの」の世界、ご守護の世界である。

ところが、「皆《みな》心病み、人間心《にんげんごころ》病み、人間の心を立てゝ神の理そこ退《の》け」というような、人間思案で行き詰まる、暗がりの道を通る。「そこで、どうもならん理になる」といわれる。

暗がりの理を以《もっ》て通るから、
暗がりになりたら
足もと暗がりになる。
何も分からん。

ということになる、と指摘される。そしてさらに、

人間心立てゝ神の理薄なる。
神の理薄なりて
何の守護有るか無いか、
よう聞き分け。

と、ご守護をいただく方向をしめされ、「神の理」を立てて通ってこそ、足もとが照らしだされて、光明の世界に生かされて生きる道がひらかれる、とさとされる。

ふできにも

春あり夏あり、
秋あり冬がある。
雨の日もあれば、風の日もある。
どんな中も、泣くのではない。

皆《みな》
ふでさきにも
知らしてある。
（明治二二、五、七）

ふでさきにも

これは、「梶本松治郎《かじもとまつじろう》二女ミチ夜泣き障《さわ》りに付伺《うかがい》」にたいするおさとしの一節である。

子どもが夜泣きする。子どもの事情でこまる。どうしてだろうか、と思う。それは、「皆ふでさきにも知らしてある」といわれる。すなわち、

子のよなきをもふ心ハちがうでな
こがなくでな神のくときや　三　29

と、おふでさきに記されている。

おさしづには、「夜泣きする、夜泣きする。どういう事を口説《くど》く」と語られて、つづいて「一日の日雨降る、風吹く、春の日はのどか。一年中はどんな日もある」とさとされる。

一年中には、春あり夏あり、そして、秋あり冬がある。雨の降る日もあれば、風の吹く日もある。のどかな日もある。

どんな日もあるが、どんな中も、泣くのではない、こころをいずませるのではない、といわれる。

おふでさきには、さらに、つぎのように記されている。

しんぢつに人をたすける心なら
神のくときハなにもないぞや　三　32

愛想《あいそう》の理が
無けりゃ曇《くも》る。
曇れば錆《さび》る。
（明治二七、七、三〇）

愛想の理

「ひとことはなしハひのきしん」と、みかぐらうたに記される。それは、ひとことのことば、ないしは、はなしが、どれほどの意味をもつかもしれない、ということである。

おやさまは、ある日、飯降《いぶり》よしゑ姉にお聞かせくださったというおはなしに、「一に愛想と言うてな、何事にも、はいと言うて、明るい返事をするのが、第一やで」（『稿本天理教教祖伝逸話篇』）

というおさとしがある。

日常の、一瞬一瞬、ちょっとしたことのようにみえるが、なにごとにも、「はい」という。明るい返事をする。このことば、この返事には、顔の表情、身のこなしというものがともなう。

おふでさきには、「うそとついしよこれきらい」（十二 113）といわれているけれども、

愛想の理が無けりゃ曇る。

曇れば錆る。

と、愛想というもののもつ意味の奥底を、おさしづにしめされている。ちょっとしたことばの差異に目がひらかれると、世界がちがってみえはじめ、そこに、新しい世界がひらかれる。

この道は
天よりの綱《つな》を
下《お》ろしたる。
（明治三一、七、三〇）

天よりの綱

おさしづに、

この道は天よりの綱を下ろしたる。
綱を以《もっ》て諭《さと》したる。

と、これほど結構な、ありがたい道はない、とさとされて、
天よりの綱を持って来れば、

その理はいつまでも残る。

と、これほど結構で、たしかな道はない、と、つづけてさとされる。

先人は、

「この結構なお道も、元々小さいところから、容易ならぬ困難をして栄え〳〵てまゐ《い》つたので厶《ござ》います」

と、説いて、「何事も、元が大切、元忘れたら、草木で言へば根の枯れたやうなもの」と、はなしている。

そして、

「この元々の理といふものを、深く深く胸にお治め下さいまして、天理の道に外《そ》れぬよう、天よりお下げ下されたこの御教へ助け一条の此の大綱に縋《すが》つて、世界一列を救《たす》けんがために、日々御尽力下さるよう」（山中彦七《やまなかひこしち》「元々の理」）

と語っている。

神は
心に乗りて
働く。
（明治三二、一〇、二）

こころに乗りて

おさしづに、

神は心に乗りて働く。

といわれる。このおことばについて、先人は、

「吾々《われわれ》の身上《みじょう》は、神様からの借物《かりもの》でありますけれども、この心だけが我がのもの

と仰せ下さるのであります」

「即《すなわ》ち天の親様のこの元なる理をよく心に治めてゐ《い》るか、ゐないかに依《よ》り銘々《めいめい》の心の値《あたい》が変《かわ》るのであります」

とはなしている。

おさしづは、

心さえしっかりすれば、
神が自由自在《じゅうようじざい》に
心に乗りて働く程《ほど》に。

と、つづいてさとされているが、先人のはなしは、

「貸物借物《かしものかりもの》の理を聞き分けて心の値を頂かして頂くやうつとめねばならんのであります」（高井猶吉《たかいなおきち》「一つ欠けたら」）

と、むすばれている。

誠の話に
誠の理を添えるなら
何も言う事は無い。
（明治二九、三、二六）

誠のはなしに誠の理

おさしづに、
不足の理は心の理、不足の理はめん〱心の理から出るのや。
といわれて、そしてつづいて、
どうこう説き置かれたる理から、
誠の話に誠の理を添えるなら何も言う事は無い。

理が増すようなもの。

とさとされている。先人は、

「御道には諭《さと》す理と助ける理とがありまして、諭す理とは、神様の御話をよく取《と》り継《つぎ》さして頂くことで、助ける理とは自分自身が真実雛形《ひながた》の人となることで御座《ござ》います」

とはなされ、

「人を助けるのは如何程《どれほど》話を上手にしたつて駄目《だめ》なのであります。誠の理を添へねばならないのであります」

と、ことばを添えられ、ここに引用したおさしづについて、

「誠の話に誠の理を添へるとは、如何《いか》なることかと申しまするに、それは自分自身が真実雛形の人となることなので御座います」（山澤為次《やまざわためつぐ》「道を歩む心」）

と明示されている。

日々《にちにち》
御礼《おれい》一つの理を
聞き分け。
（明治二五、六、三）

おれひとつの理

先人のおはなしに、

「私共人間は日常身上《みじょう》達者で、斯《こ》うして各自の持ち場から何よの事をさせて頂いてゐ《い》るのも、皆身の内の御守護あるからの事であります。何程《なにほど》わしや偉い、自分には学問もあれば金もある、凡《す》べての事に経験もあれば智恵《ちえ》もあると思ふて居《い》ても、身上一つの御守護がなかったら、学問の力も金の力も智恵も経験も何《なん》の役にも立たないのであります」

といわれる。

おさしづには、

幾人《いくにん》居《お》る家内《かない》、何人住む。

日々楽しみ、心の楽しみ、

日々御礼一つの理を聞き分け。

と、さとされているが、先人は、つづいて、

「借物《かりもの》一つの理を思へば吾々《われわれ》人間は日々に神様の大恩の理を片時も忘れる事なく、アー有難《ありがた》い事や勿体《もったい》ない事や、自分等《ら》は日中《ひなか》働いて疲れたら宵寝《よいね》もしてゐる、朝寝もしてゐる、然《しか》し月日親神は百日百パイ身の内へ入込《いりこ》んで一日の日も片時の間も御休《おやす》み下さる事はないのである。アー勿体ない事やと思へば、日々に神様に御礼申上《もうしあ》げずには居《お》られん筈《はず》であります」（喜多秀太郎《きたひでたろう》「お授け人のつとめと心」）

と、はなしている。

結構という理を
忘れて了《しま》う。
どうも残念でならん。
（明治二三、七、七）

結構という理

「おさづけの理」についてのおさしづに、
日々《にちにち》まあ一日の日、結構という理を忘れて了う。
どうも残念でならん。
と、いわれる。
「私達みちの者として忘れてはならない事を常に忘れてしまつてゐ《い》る事が随分《ずいぶん》御《ご》

座《ざ》います」

として、先人は、

「例へば、空気とか水とかは、私達にはなくてはならないものであり乍《なが》ら、それ程《ほど》水とか空気に対して結構さ、有難《ありがた》さをいつも思つてゐないと云《い》ふやうな事、又身上《またみじょう》の時には、あゝこの身上のなやみがなければ何も云ふ事もないのに、達者なら不足ない、それこそもう喜び勇めるのにと思つてゐましても、扨《さ》て身上健《すこ》やかにおいて頂くと、すつかり忘れてしまひ他《ほか》の不平で忙しいと云ふやうなわけで御座います」（小松駒吉《こまつこまきち》「わかりすぎてわからないこと」）

と語っている。おさしづには、

日が経《た》てば、その場の心が弛《ゆる》んで来るから、何度の理に知らさにゃならん。

と、さとされる。

難《むつか》しい道の中に
味わいある。
（明治三七、八、二三）

むつかしい道の中に

人生において、「ふし」を生かして生きる。そこに、人生の醍醐味《だいごみ》、信仰のよろこびがある。

「元来節《がんらいふし》は苦しみを感ぜしめることが多いのであるけれども、苦しいと感じて居《い》るやうなことでは充分の足納《たんのう》をすることは出来ないのであるから、節を喜び神様の慈悲であると感謝するまでの心を治めなければならないのである」

と語る先人は、

「要するに苦しみを楽しむといふことは節を感謝するといふ謂《いい》に外《ほか》ならないので

あります」
と、さらに語り、
　道という、
　道は楽の道は通りよい、
　難しい道は通り難《に》くい。
　難しい道の中に味わいある。
という、おさしづを引用して、
「苦中に味を感じ、うま味を感ずるといふことが、節に善処する最も大事なかどめであると信ずるのであります。かくてこそはじめて節から芽が出る喜びを味はせて頂くことが出来るのであります」（中山為信《なかやまためのぶ》「転機に処する道一」）
とむすばれる。

人間というものは、
皆《みな》かりもの。
（明治二一、七、二四）

人間というものは

おさしづに、「身上《みじょう》一条理を尋ねるから、一つのさしづしよ」と、前置きされて、

人間というものは、
皆かりもの。
この理を分からんや、
何《なん》にもならん。

と、さとされているが、この「かりもの」の理について、先人は語る。

「御道で借物《かりもの》の事がわからいでは、千言《こと》聞いても万言きいても何もわからんとおつしやる。身上は神様からの借物であるから、それについた物は一切借物である。心だけがわがものや」

「種を蒔《ま》いたら芽を切つてくださるのも神様、上へ成長さしてくださるのも、花を咲《さか》し実をのらしてくださるのも、みな神様の御守護である。人間は唯《ただ》修理こやしといふて、御世話さしてもらふだけや」

「おれは柿《かき》一つ造《こしら》へた、おれは林檎《りんご》一つこしらへた、おれは米や麦を作つた、おれは大根一本こさへたといふて造つた人は一人もない。そやから神様の御守護によつて拵《こしら》へさして貰《もら》ふたと思ふのと、自分が働いて自分が作つたと云《い》ふのとは大変に間違つてくる」（宮森与三郎《みやもりよさぶろう》「だめの教《おしえ》」）

このように説いている。

出れば
人に笑われる処《ところ》より、
出た事は無い。
（明治三五、七、二〇）

人に笑われるところ

おさしづにおいて、おやさまは、五〇年の道すがらの道中にあって、
たゞ一日の遊山《ゆさん》も、
良い所へ行きた事無いで。
出れば人に笑われる処より、
出た事は無い。

といわれる。

奈良監獄署から、おやさまご出獄の日のこと。

「(監獄署の) 大門の出口に並んでお待ち申してゐ《い》ると、神様 (おやさま) は役人達に護《まも》られて、ニコニコしてお出ましになりました。神様のニコ〳〵お勇みのお顔を拝すると急に勇気が出て、嬉《うれ》しい思いで」

と、お出迎えした様子をはなす先人は、

「お互《たがい》人間は自分に都合のよい時や嬉しい時は、ニコ〳〵勇むことが出来ますが、一度《ひとた》び苦しい事情に遭ったり致しますると、なか〳〵勇めないもので御座《ござ》ります。まして監獄などに出入りすると、心の穏やかさをたもつことはむつかしいものでせうが、神様は何時如何《いついか》なる時と雖《いえど》も、ニコ〳〵とお勇みでした。それですから、どんな時でも、側《そば》の人々も勇みました」(増井りん「偲《しの》びまして」)

と、おやさまが身をもっておしめしくださった「ひながた」について、語っている。

日々《にちにち》に
理を忘れて
理が立つか。
（明治三四、二、四）

理が立つ

おさしづに、
大恩忘れ小恩送る、
というような事ではどうもならん。
と、大恩、小恩の順序を聞きとって、こころを改めて通ることをうながされる。
そして、

日々に理を忘れて理が立つか。

理があるか。

と、さとされるのであるが、大恩を知って、お礼とお願いを申しあげて通る、にちにちの歩みについて、

「神様の御恩忘れぬが為《た》めに、朝夕お勤めをする」

「結構な九つの道具（目、鼻、口、耳、両手、両足、人間造る道具）使はして貰《もら》ふのですから、朝夕に、結構にお借り申して有難《ありがた》いと御礼を申上《もうしあ》げ、又今日《またきょう》も結構に使はして下されと、御願《おねがい》申し上げる」

「御願申上げて使《つこ》ふたならば、何処《どこ》に不足はない。夫《そ》れを己《お》れが〳〵と云《い》ふて通れるか。其処《そこ》ですから其《そ》の大恩を知り、御礼申し上げて通るやうにせいと仰《おっ》しやる」（高井猶吉《たかいなおきち》「因縁《いんねん》の理」）

と、先人は語る。

どんな者でも、
ひながた通りの道を
通りた事なら、
皆《みな》
ひながた同様の理に運ぶ。
（明治二二、一一、七）

ひながた通りの道

「そこで此度《このたび》はひながたで造りかへをして、陽気づくめで通らすのや、暗がりから夜の明けたような道へ出すと仰《おっし》やる」

と、先人はいう。

おさしづでは、
どんな者でも、
ひながた通りの道を通りた事なら、
皆ひながた同様の理に運ぶ。

と「ひながた」を通ることを、強くうながされるが、先人は、

「この道知らぬ人は、知らん他国で暗夜《あんや》に提灯《ちょうちん》持たずに歩行《ある》くやうなもの、誠にあぶのうてドウもならん、暗がりで明かりなけりやどうもならん」

といい、「ひながた」という明かりをたよりに通りきると、

「そこで暗い〱ばかりやない、『ほの〲と夜が明ける　東が白《し》らむ』と仰やる」

そして、

「夜があけて明るくなつて来れば　はまつたり倒《こ》けたりする者はない」（梅谷四郎兵衛《うめたにしろべえ》「月日の心」）

というのである。

不自由して通るが楽しみ

こころ定めができないと、
こんなことしていて、
どうなるかしらん、
先案じとなってしまう。

何事も
不自由して通るが
楽しみ。
（明治二〇、六、六）

不自由して通るが楽しみ

おさしづに、
何《なん》でも
どんと心を定めにゃいかんで。
案じは要《い》らん。
といわれる。しっかりこころ定めができていないと、ついつい、こんなことをしていて、将来、どうなるかしらん。先案じとなってしまう。すぐに、それは子どもに映る。

小人《しょうにん》の障《さわ》り、
親の心案じある故《ゆえ》、
映る事なり。

と、さとされる。それにつづいて、

何事も
不自由して通るが楽しみ。

と、なんでも、どんとこころを定めるポイントが明示される。おふでさきにも、

いまのみちいかなみちでもなけくなよ
さきのほんみちたのしゆでいよ　三 37

と記される。

四十九年前《ぜん》より
今まで
この道続きはせまい。
（明治二〇、一、四）

この道

おさしづ（おさしづ改修版全七巻）は、

明治二十年一月四日　教祖《おやさま》お急込《せきこ》みにて御身の内御様子あらたまり、御障《さわ》りに付、飯降伊蔵《いぶりいぞう》へ御伺《うかが》いを願うと、厳しくおさしづありたり

と注記されているのが、その第一頁《ページ》である。

この明治二〇年（一八八七年）一月四日は、陰暦の明治一九年一二月一一日にあ

たる。
おやさまが、「月日のやしろ」に定まられ、この道がはじまる。
それは、明治一九年より数えて四九年前、すなわち天保《てんぽう》九年（一八三八年）である。この道のはじまりからの道をベースとして、きびしく、しかも、力づよく指図される。
そこで語られるのが、
神が言う事嘘《うそ》なら、
四十九年前より
今まで
この道続きはせまい。
というおことばである。これをもって、おさしづははじまる。

早い縁は
早いにならず、
遅い縁は
遅いにならんで。
（明治二〇、五、一）

早い縁、遅い縁

大きい。小さい。

わたしたちは、どうしても、形というもの、カッコウというものにとらわれる。小さいよりも大きいほうがよいように思う。そして、判断を誤ってしまいがちである。

おふでさきには、

なにもかも月日しはいをするからハ
をふきちいさいゆうでないぞや　七 14

と記されている。

早い。遅い。

このことも、わたしたちはたいへん気にかかる。早いほうはよいけれども、遅いほうはだめだ、と思ってしまいやすい。

縁は異なもの味なものというが、縁談についてのおさしづによって、

早い縁は早いにならず、
遅い縁は遅いにならんで。

とさとされ、ご守護の世界、誠真実に生きる方途を、ずばりとしめされる。

晴天の如《ごと》くの心を定め。

（明治二一、八、九）

晴天のごとく

おさしづに、

心うっとしいてはどうもならん。うっとしい日には何をすれども速《すみ》やかなる事出けん。

といわれる。

人間思案でもって、ちょっとこころにかかる。こころがくもる。それは、ほんのちょっとのことと思っていても、それで、物事のほんとうの姿がわからなくなってしまいがちである。それまでなんでもないと思っていた事柄が、すっと解決へと向かわなくなる。
それにたいして、
晴天の日の心を以《もっ》て何事もすれば、
晴天というものは何をすれども、
速やかな事が出けるものである。
世界中曇《くも》り無《な》けねば気も晴れる。
速やかなるものである。
とさとされる。
いつも天の理をこころに映して、ちょっとしたことで、こころをくもらしたり、不足をすることとなく、どのような中も、こころいそいそと通らせていただく。
「晴天の如くの心を定め。この理もよく忘れんよう」と念を押される。

心澄み切れば、
そのまゝ何《なん》にも
難《むつか》しい事は無い。
(明治二〇、三、一)

こころすみきる

この世は、むつかしい、苦しみの世界ともみえるが、おさしづに、
心澄み切れば、
そのまゝ何にも難しい事は無い。
とさとされる。
みかぐらうたにも、

よくにきりないどろみづや
こゝろすみきれごくらくや
十下り目　四ッ

と教えられている。じぶんを中心にものを考え、じぶんさえよければ、と思う。そのような人間の欲というものには、際限がない。欲は、さらに欲をうむ。それは泥水のようである、といわれる。

だが、泥水は、泥を取り出すことによって、すみきった水になる。こころを入れ替え、そして、人のために祈る。そのようにこころすみきって生きるところに、極楽世界、楽しみずくめの世界がひろがりはじめる。

おさしづには、つづいて、

あちらではほゝ
こちらではほゝ
と言うて居《い》たらよいのやで。

といわれる。

それ〳〵の中の中、
心楽《こころたの》しみの理を治め。
（明治三二、一二、一二）

こころ楽しみ

辞書の「こころだのしみ」の項をみると、
「心に楽しく思うこと。何かと気持《きもち》がなごむこと。また、そのさま」（『日本国語大辞典』）
と記している。

わたしは、ああもした、こうもしてつとめてきた、と、こころの中で思う。そして、あのことは、ぜひとも、こうしておかなくてはならないと思うのだが、なかなか、みな、そのことにこころを寄せ、賛同してくれない。

ひとつのことがうまく運ばないと、つぎのことも、うまくすすまなくなって、
いつのまにやら気分は重くなってしまう。
そうなると、すること、なすことに意味をみつけられなくなってしまう。
おさしづでは、
それ〳〵の中の中、
心楽しみの理を治め。
とさとされる。
こころの奥底に、ほんとうに楽しいなあ、うれしいなあ、ありがたいなあ、と
いう「心楽しみ」の理を治めることをうながされる。

蔭日向《かげひなた》になりて、
裏表《うらおもて》になりて、
運ばにゃならん。
（明治二一、八、六）

蔭日向になりて

外と内、ないしは、人がみている、人がみていないによって、ことばや態度が変わる、ということがある。

おやさまは、

「あんたは、外ではなかなかやさしい人付き合いの良い人であるが、我が家にかえって、女房の顔を見てガミガミ腹を立てて叱《しか》ることは、これは一番いかんことやで。それだけは、今後決してせんように」(『稿本天理教教祖伝逸話篇』)

とおさとしくださった、といわれるが、おさしづには、

　蔭日向になりて、

　裏表になりて、

　運ばにゃならん。

とさとされる。陰に日向に身をつくし、裏に表にこころをつくして人をたすける、あるいは、物事をすすめることをうながされる。そして、つづいて、

　裏へ廻《まわ》りて表へ出て、

　運ばにゃならん。

とまでいわれる。

ひながたの道を通れん
というような事では
どうもならん。

（明治二二、一一、七）

ひながたの道

お道における信心、真実の道を通るということについて、おさしづには、

難《むつか》しい事をせいとも、
紋型《もんかた》無き事をせいと言わん。
皆《みな》一つ〳〵のひながたの道がある。

と指図くださっている。

先人は、

「教祖の仰《おつしや》つたことを信心するといふことは、即《すなわ》ち此《こ》の世の元の神実の神である天の親神様の言ふ事を聞くも同じこと」

といい、

「致しますから、他の人の言ふ事は聞かなくもよい。御教祖の仰つた事を其儘《そのまま》聞けばよい。御教祖の御履歴を聞いたら、御教祖の御心を心として手本定規にしてゆけばよい、これが雛型《ひながた》である」（板倉槌三郎《いたくらつちさぶろう》「終始本末」）

と語っている。

おさしづでは、つづいて、
いゝかいゝ、ひながたの道を通れんというような事ではどうもならん。

といわれる。

何処《どこ》に居《い》ても
月日の身の内や。
（明治二〇、七、一）

どこにいても

たん〳〵となに事にてもこのよふわ
神のからだやしやんしてみよ　三 40・135

このように、何事についても、この世は神のからだや思案してみよと、おふでさきに記されている。
おさしづでは、
何処に居ても月日の身の内や。
何処に居るのも同じ事、

誠の心一つや。

とさとされるのである。

先人は、

「道を通るにはどんな道も、どんな苦労もありませう。けれども、布教に出るには、大宇宙を吾《わ》が家とおもひ、行く所行く所吾が家として通らして頂く心を、チヤンと心におさめなければなりませぬ。此《こ》の心がおさまつてあれば、自由用《じゆうよう》自在《じざい》の御守護が頂けます。神様はちやんと身について あらせられます」（増井りん「精神一つの理」）

と、大宇宙をわが家と思い、行くところをわが家として、どんな道も、ありがたい、結構と通りぬけるこころの治めかたを語っている。

たった一つの心より、
どんな理も
日々《にちにち》出る。
（明治二二、二、一四）

ひとつのこころ

「ま〻食べるのも月日やで、
もの云《い》ふのも月日やで、
これがわからんが残念々々――」
これは、明治一七年（一八八四年）夏の昼下がり、京都からはじめておぢば帰りした人にたいする、おやさまのおことばである。

その人は、水を呑《の》みたくても呑めず、水をほしいといいたくてもいえない身上《みじょう》になって、

「食《く》ふたり喋《しゃべ》つたりするのは自分がするのでなくして、自分の力より外《ほか》に、もっと大きな絶対なる力が、其処《そこ》に働きかけてゐる」（喜多秀太郎「番茶のはなし」）

という、このおことばによってしめされる大きな真理、すなわち、「かりもの一条」の理をはっきりとさとられた、と伝えている。

おさしづには、

人間というものは、身はかりもの、心一つが我がのもの。

たった一つの心より、どんな理も日々出る。

どんな理も受け取る中に、自由自在《じゅうようじざい》という理を聞き分け。

といわれる。

寒《さ》ぶい晩も　あったなあ。

（明治三一、一二、三一）

寒ぶい晩も

おさしづに語られる。

寒ぶい晩もあったなあ。

もう夜明けやでなあ。

鶏《とり》が鳴いた事もあったなあ。

三〇年来の寒い晩に、暖をとるものもなく、あちらの枝を折りくべ、こちらの葉を取り寄せては、通り越してきた、といわれる。そして、どん底の道中、秀司《しゅうじ》先生とこかん様が、道の将来について、神のはなしをたよりに、夜のふけるのも忘れて、真実のことばをかけあい、語りあって通り越してくださった。
先になれば、
どうなるという話から楽しまして、
一筆書いて、
理を頼りに連れて来た道である。
と、おさしづにいわれるが、さらに、
真の尋ね合い、
言葉添えは真の誠。
誠はこれより無い。
とさとされる。

大きなもの
小さきものの理があるから
大きものや。

（明治二三、六、一三）

小さきものの理

おさしづに、
暑ければ暑かったであろう、
寒ければ寒かったであろうなあ、
と、人には、ちょっとことばを添えて満足を与えるとともに、
麦という、

麦に太白《たいはく》を入れて、
何《なん》でも一寸《ちょっと》々々出さねばならん。
と、いまでいえば、お茶かコーヒーのひとつでも出して、さらに満足を与えて通ることをうながされる。
そんなのは、小さな、ささいなことのように思われるが、
大きなもの
小さきものの理があるから
大きものや。
日々勤め
小さいようで大きい。
と、小さなことと思われる事柄に、にちにち、こころをつくして生きることを指示される。
＊麦とは、麦いりこのこと。太白とは、まっ白な砂糖のこと。

芽が出る

いま一時に、
遠いところまで行こうとする。
また一方では、
いまのような状態では、とも思う。

追々《おいおい》芽が出るというは、
根が有りて
芽が出るという。
（明治三二、五、九）

芽が出る

いま一時に、わたしたちは遠いところまで行こうとする。そんなに思いながら、
また一方では、いまのような状態では、なかなかだし、とも思う。
おさしづには、
一里又《また》一里、
だん〳〵遠く道という。

これよう聞き分けば、
案じる事要《い》らん。
といわれる。ところが、じぶんのまわりの人の姿には、春という旬《しゅん》がくると、見事な、美しい芽が、つぎからつぎから吹き出してくるようにみえる。そうなると、こころはあせり、じぶんはだめだ、と思ってしまう。だが、
追々芽が出るというは、
根が有りて芽が出るという。
聞き分け。
とも、
根が無くして芽は無い。
根がありて芽が吹く。
と、一つひとつ、年限かけて根をつちかうことをさとされる。

神はほこりは嫌い。
すっきり
澄《す》み切らにゃならん〳〵。
（明治三一、六、一二）

すみきる

おさしづに、

神はほこりは嫌い。
すっきり澄み切らにゃならん〳〵。

といわれる。「ほこり」のさとしについては、おふでさきに、

一れつにあしきとゆうてないけれど

一寸のほこりがついたゆへなり　一53

と記されているが、おやさまは、

「鏡にシミあるやろ。大きな埃《ほこり》やったら目につくよってに、掃除するやろ。小さな埃は、目につかんよってに、放《ほう》って置くやろ。その小さな埃が沁《し》み込んで、鏡にシミが出来るのやで」（『稿本天理教教祖伝逸話篇』）

と、小さな埃を大きな埃と対比して、あしきこころづかいの急所を指摘されている。

おさしづでは、つづいて、

人間心《にんげんごころ》から見て曇《くも》り一寸《ちょっと》あれば、

底まで濁ったるというも同じ事。

と、ズバリといわれる。

重く
徳積んでこそ
理が効く。
（明治三一、一一、四）

徳つんで

一般には、体力をつける。そして学力を身につける。そうすればもういうことはなにもないようにみえる。
だが、おさしづには、
贅沢《ぜえたく》して居《い》ては
道付けられん。

聞き分け。
草鞋《わらじ》はいてだん〳〵運び、
重く徳積んでこそ
理が効く。

と、質素に徹して、こつこつとつとめきる。そうした習慣を確実に身につけることをさとされる。

どのような中からも、よろこびをみつけ、それを大きくしていく。そのための基礎をつくる。基礎をつちかう。それは、けっして周囲の人に評価してもらうためにするのではない。たえまなく、努力、丹精をおしまないで、こころをつくし、身をつくして、にちにち、こつこつと地道に努力を傾ける。

「目に見えん徳」(『稿本天理教教祖伝逸話篇』)というのは、どんな逆境、どんな状況にあっても、それを生かして、さらにはそれをよろこびにかえてすすむことである、といわれる。

この道は
皆《みな》
身上《みじょう》から随《つ》き来《く》る。
（明治三三、一一、二六）

身上から

おさしづに、
この道は皆身上から随き来る。
身上でなくして随いた者は、
ほんの一花《ひとはな》のようなもの。
とさとされる。
人は、裸一貫からきょうの日をつくりあげた。まったくなにもないところから、わたしの力だけで、これほどまでに築きあげてきた、という。

じぶんのからだのほかには、なにもない。そのことを裸一貫というが、そういうとき、なにはなくとも、このからだだけはじぶんのものであると思って疑わない。それが常識である。

しかし、おふでさきに、

めへ〳〵のみのうちよりのかりものを
しらずにいてハなにもわからん　三　137

と記される。これだけはじぶんのものであると思っている、このからだ、身の内も、わがものでなく、「かりもの」である、といわれる。

この「かしもの・かりもの」の真実にこころがひらかれるところ、にちにちの暮らしは大きく変わりはじめる。

これから生涯
先の事情定めるのが
さんげ。
（明治二五、二、八）

さきの事情定める

「さんげ」について、おさしづに、
これまでのさんげは言うまでやあろうまい。
見てさんげ、
見えてさんげ。
といわれる。

「さんげ」というと、あらわれてきた姿、みえてきた事柄をとおして、これまでの通りかたをふりかえる。あのときにあんなことをしなかったらよかった。あんなことをして申しわけなかった。こうして過去を反省して悔い改めることも大事である。

しかし、「さんげ」というのは、

これから生涯先の事情定めるのがさんげ。
これ一つ第一に定めにゃならん。
よく聞き取れ。

と、

これまでのさんげは言うまでやない。
これより先という事情を定めねばなろまい。

ともさとされる。

このように、「これから生涯先の事情定める」「これより先という事情を定めねばなろまい」と、「さんげ」の方向を明示される。

日々《にちにち》
嬉《うれ》しい〳〵通れば、
理が回りて来る。
（明治三四、七、一五）

うれしい〳〵通る

ちょっとしたことも、うれしいうれしい、と大きくよろこんで通る。きょうも、うれしい。ありがたい。
思わず笑顔がこぼれる。いつのまにやら、みんないさみ立つ。
おさしづに、
日々

嬉しい〳〵通れば、
　理が回りて来る。
といわれる。そしてつづいて、
　なれど、
　こんな事では〳〵と言うてすれば、
　こんな事が回りて来る。
といわれる。
　こんなことではなー、といって、こちらで不足、あちらで不足をしていては、「こんなこと」になってしまう。
　そしてさらに、「こんなこと」が「回りて来てから、どうもなろうまい。取り返《か》やしが出来ん。よく聞き分けてくれ」といわれる。

心に事情持っては、
何程《なにほど》どうしよう
と思うた処《ところ》が
どうもならん。
（明治二四、一、二一）

こころに事情

懸命に通らせてもらっていても、なかなか思うように物事がならないで、こころを倒してしまうということがある。

おさしづに、

難儀さそうと

不自由さそうという
をやは無い。

といわれる。

親なる神は、にちにちに、いちれつの子ども可愛《かわい》いいっぱいの親心でもって、見守り、お連れ通りくださっている。

なれど
めん〳〵に心に事情持っては、
何程どうしようと思うた処が
どうもならん。

とさとされる。

親なる神の親心に応《こた》えて、どのような道中も通りぬけ、通り越えるこころを十分に定めて、「いつ〳〵まで通りても楽しみ」というこころを治めて通るようにうながされる。

今の難儀は
末の楽しみやで。
（明治二〇、陰暦五、一）

末の楽しみ

おさしづに、
今日《きょう》はまあ、
何《なん》でこのように急《いそ》がしいやろうと思う日もあり、
又《また》、今日は何でやろうという日もある。
又、聞き難《に》くい事を聞かねばならん事もあり、
又不自由な日もあり、
又有難《ありがた》い日もあり、

といわれる。

じっさい、わたしたちのにちにちには、ありがたいなあ、と思う日があるが、こころうっとしい日もある。どうして、こんなことになるのかなあ、なんでだろうかなあ、と思う日もある。

どのような道も皆々《みなみな》

五十年の間の道を

手本にしてくれねばならんで。

と、おやさま「ひながた」を、こころいそいそ通ることを指示され、

今の難儀は末の楽しみやで。

その心で、

心を定めてくれねばならん。

といわれる。

人がどう言う
こう言うても、
天が見通し。
（明治三四、四、一五）

天が見通し

日常生活において、わたしたちは、夫婦や、親子や、兄弟姉妹や、といって、人を相手にして暮らしている。

おやさまは、

「人がめどか、
神がめどか。

神さんめどやで」（『稿本天理教教祖伝逸話篇』）

と、おおせられている。

ところが、つい、わたしたちは、あの人がどういったといっては、腹を立てる。この人がどういったといっては、こころをくもらせてしまう。

おさしづでは、

人がどう言うこう言うても、

天が見通し。

といわれる。親なる神は見抜き見通しでお連れ通りくださっている。天を相手に、神を「めど」に、どんと、こころを定めて通ることをうながされる。このおさしづの末尾は、「火の中でも越せるという心を定めてくれ」ということばでおわる。

たすけ一条には、
速《すみ》やか鮮やかな心無くては、
たすけ一条と言えん
と。

（明治二一、八、二）

速やか鮮やかなこころ

みかぐらうたに、

いつもたすけがせくからに
はやくやうきになりてこい

四下り目　五ッ

と記されているが、おさしづに、

たすけ一条には、
速やか鮮やかな心無くては、
たすけ一条と言えんと。

と、「速やか鮮やかな心」をもって通ることをうながされる。

どのような苦難の道中も、おやさまは、いつも陽気にいそいそと、いさんで通り越して、生きる勇気をお与えくださった。どのような中も、いさんでかかるという「ひながた」をおしめしくださっている。

新しい日をお恵みいただいた。さあ、わたしもいさんでかからせてもらおう、とつとめさせてもらう。ところが、ちょっとした事柄にこころをくもらせてしまう。ああしたものだろうか、こうしたものだろうか、と人間思案にくれてしまう。

人間思案にくもる日もあるが、おさしづでは「鮮やか一つ道という、心定めて出にゃならん」と指示される。

古き道があるで
新し道という。
（明治二三、一〇、九）

古き道、新しい道

おさしづに、
をやの道を通りながら、
をやの道の理が分からん。
古き道があるから
新しい道がある。
あるいは、
古き道があるで

新し道という。

とさとされる。

わたしたちは、「新しき道というは、雨が降れば崩れるというが新しき理」といわれるように、ちょっと思惑がはずれたといっては、こころをくもらせ、こころを倒してしまう。

それにたいして、「古き道というは、前々《ぜんぜん》より固めたる」「五十年以来、だん〳〵固めたる道」といわれる、おやさま「ひながた」の道である。貧に落ちきって、そのどん底から、おつけくださった真実の道である。

ひとがなにごといはうとも
かみがみているきをしずめ　　四下り目　一ッ

としめされるように、「をやの道」をみつめて歩むことをうながされる。

あれでこそ

折り目切り目の理を、
こころに治めて通る。
折り目切り目の理を、
人に取り次ぎ、伝える。

成程《なるほど》
あれならなあ、
あれでこそなあ
と言う。
（明治三一、五、一二）

あれでこそ

「はなし一条は、たすけの台」と教えていただいている。

そのうえからは、「こゝと〳〵」という「折り目切り目の理」を、しっかりこころに治めて、にちにち通らせていただく。

そして、その「折り目切り目」の理を、人に取り次ぎ、伝える。

成程あれならなあ、
あれでこそなあと言う。
それより結構は無い。
と、こころに治めてもらえるように、伝えさせていただく。
何《なん》にもならん話《はなし》した処《ところ》がどうもならん。
と前置きして、
紋型《もんかた》も無い処からの
この道の結構という、
元の理を諭《さと》さにゃならん。
と、紋型ないところからのご守護の理、この道の結構という元の理を取り次ぎ、
伝えさせていただくことを指示される。

心に大き思《し》やん
持ってくれ。

（明治三五、七、一三）

大きい思やん

ややもすると、小さなこと、ささいなことにこだわる。

わたしたちは、小さな人間思案の窓から、ああでもない、こうでもない、という。

おさしづには、

心に大き思やん
持ってくれ。
大き心持てば

　どんな働きもある〳〵。
とさとされる。
世界一れつをたすけたい。一れつ人間が陽気ぐらしするのをみて、ともに楽しみたい。これが、元の親・実の親である、親なる神のこころである。
その親の大きなこころにふれて、「心に大き思やん」「大き心」をもって生きる。
そこに、「どんな働きもある〳〵」といわれる。
その親のこころを受けて、つとめさせてもらうものというのは、
　まさかの時には
　月日の代理
とも言うたる。
とまでいわれる。

天の理に
凭《もた》れてするなら、
怖《こ》わき
危なきは無い。
（明治二三、六、二九）

神にもたれる

信心、信仰の基本について、
むりなねがひはしてくれな
ひとすぢごゝろになりてこい
なんでもこれからひとすぢに

三下り目　六ッ

かみにもたれてゆきまする　　三下り目　七ッ

と、みかぐらうたに記される。

おさしづには、

一粒万倍《いちりゅうまんばい》の理を聞き分け。

皆《みな》

種より生《は》えて来る。

と、ご守護の世界につつまれて生きる真実の姿、および、真実をつくしきって生きる道についてさとされ、そして、

天の理に

凭れてするなら、

怖わき危なきは無い。

と、究極の生きかたをしめされる。それは、真実のかぎりをつくしきって、そして、神におまかせして通る道であり、不安も心配もない、生かされて生きる道である。

寄って来る理は
どうも
止めらりゃせんで。
（明治三二、五、一六）

寄ってくる理

おさしづに、
寄って来る理はどうも止めらりゃせんで。
この理くれぐ\返《か》えすぐ\の理に諭《さと》し置こう。
と前置きして、
海山山坂《うみやまやまさか》を越えて寄り来る子供の心、

来《き》なと言うても寄り来るが一つの理。
来いと言うても来るものやなかろう。

といわれる。

低いところに、水が流れ込み集まるように、おやさまの「ひながた」の伏せ込まれた「おぢば、おやしき」に、人が集まる。わらじばきで、乗り物のない時代。山坂越えて、おぢばに帰る。道中、どんなにつらくても、おやさまの温かいひとこと、その親心に、人は満足し、たすけられた。

この道という、

最初
何《なん》ぼ来なと言うても、
裏からでも
隠れ忍びて寄り来たのが
今日《きょう》の道。

とさとされる。

十分たんのうして、
夕景《ゆうけい》
一つの礼を言う。
（明治二五、七、二七）

夕景

おさしづに、
尽《つ》す一つ、
運ぶ一つの事情に、
理が治まらにゃならん。
と、真実をつくし、真実を運ぶ中にも、結構という理をこころに治めて通ること

をうながされる。そして、

　十分たんのうして、

　夕景

　一つの礼を言う。

とさとされる。今日《きょう》一日も結構につとめさせていただいた、とお礼を申し、夕日を見送る。そこに、明日《あす》という、よろこびの日がお与えいただける。

おやさとの夕方。おやさまに導かれた、当時九〇歳の先人は、西の廊下に西向きにジッとすわり、やがて夕日が沈んでみえなくなると、やっと立ち上がって、

「いつもおやさんがおやすみになるのが淋《さび》しゅうてナア、お姿が見えなくなるまでお見送りさせて貰《もろ》うてますのや」（梶本巌雄《かじもといわお》「増井《ますい》りん先生を偲《しの》び」）

と、青年におっしゃったという、その姿が目に浮かぶ。

＊夕景とは「夕方。日ぐれ。晩景」（『広辞苑』）の意。

その徳だけを
めん〱
よう働かさん。
（明治二二、七、三一）

その徳

おさしづに、
もうこれ年限に徳を付けてある。
心だけ皆《みな》それ〴〵授けてある。
めん〱徳が付けてある。
と、徳というものは、一人ひとりに、それぞれに授けてある、付けてあるといわれる。

そして、
その徳だけをめん〳〵よう働かさん。

第一どうも成らん。

鏡曇《くも》らしてはどんならん。

とさとされる。

お与えいただいている、その徳を、それぞれが十分に発揮させていないのは、それはどうもならないといわれ、鏡はくもらせてはならないといわれる。

どのようなつらい中であっても、その道中を楽しんで通りきることができるように、にちにち、その徳を、どこまでもつちかい、どこまでもみがきあげて通らせてもらう。その道を指示される。

神一条の理は
一夜《いちや》の間《ま》にも入り込むなら、
どうしようとままや。

（明治二一、七、二三）

一夜の間にも

おさしづに、
さあ〱
神一条の理は
一夜の間にも入り込むなら、
どうしようとままや。
朝あちら向いて居《い》るを、

こちら向けるは何《なん》でもない。
前々《ぜんぜん》聞かしてある。

とさとされる。

この世は、「かりもの」の世界、神の守護の世界である、とお教えいただいている。

おふでさきには、

いちやのまにもはたらきをする　十三 78

と記されるが、

いま、でハとんな心でいたるとも
いちやのまにも心いれかゑ　十七 14
しんぢつに心すきやかいれかゑば
それも月日がすぐにうけとる　十七 15

と、いままではどんなこころでいたとしても、一夜の間にもこころをすっきり入れ替えることをうながされる。

悪なら
善で治め。
（明治二二、二、七）

悪なら善で

おさしづに、
　悪を定めて道が付いた。
といわれるが、世界の反対、攻撃、迫害から、この道は付いてきた。これが「ひながた」の道である。
つづいて、おさしづには、
　悪を善で治め、
たすけ一条、

千筋《せんすじ》悪なら善で治め。

とさとされる。

たすけ一条というが、その根本は、「悪を善で治め」「悪なら善で治め」と指示されるところにある。そうすれば「悪の精抜けて了《しま》う」といわれる。

具体的には、おさしづの末尾において、

所を変えて

優しい心を治め、

といわれ、そして、どのような場面にあっても、「頼む」「頼む」といって通る道をしめされる。

どんな事も
靄《もや》が切れたら、
皆々《みなみな》の心一つで、
いかなる事も治まる
(明治二二、二、一四)

靄がきれたら

おふでさきに、
せかいぢうをふくくらするそのうちわ
一れつハみなもやのごとくや
にち〳〵にすむしわかりしむねのうち
六 14

せゑだんしたいみへてくるぞや　　　六　15

と、「一れつハみなもやのごとくや」と記されている。

これは損、これは得というような、目のまえのことはみえても、靄がかかると、もうすこしさきというものは、かすんでみえなくなってしまう。

この道を通らせていただいて、にちにちに、胸の内がすみきり、はなしの理がわかり、こころが成人するにつれて、だんだんと、靄はきれ、靄は晴れてきて、いままでみえなかったさきがみえるようになってくる、といわれる。

おさしづには、

心一つの理で
どんな事も靄が切れたら、
皆々の心一つで、
いかなる事も治まる

とさとされる。

真実というは火、水、風。

（明治二〇、一、一三）

火、水、風

つい、わたしたちは、外観というものとか、形というものとか、あの人がどういっているとか、といったことに大きく左右されてしまう。

さしせまった場面においてさえ、ドンと、大きく判断することはなかなかできない。

おさしづでは、

さあ〳〵
実《じつ》があれば

実があるで。

と、ズバリと指示され、真実に生きる、真実の態度をもって事にあたることをうながされている。

おさしづは、つづいて、

実と言えば知ろまい。

真実というは

火、水、風。

と、わたしたちは、生かされて生きているという真実を、「火、水、風」という直接的なことばでもってしめされている。

「こふき話」(十六年本)は、

火と水わ一の神なり。

風よりほかに神わなし。

と、親神のご守護を記している。

人を毀《こぼ》ったり
悪く言うては
どうもならん。
（明治二三、二、六）

人をこぼつ

おふでさきに、

よき事をゆうてもあしきをもふても
そのまゝすくにかやす事なり　五 54

と記され、こころすみきって通る道をしめされているが、おさしづには、

人を毀つでほこりが立つのやで。

と、人を非難する、悪口をいう、ということについてさとされ、

人さえ毀たねば
人の事を悪く言う事はない。

さらに、

人を毀ったり
悪く言うてはどうもならん。
人を毀って、
何《なん》ぼ道を神が付けても、
毀つから道を無いようにするのやで。

といわれる。そして、

急《せ》いてはいかせん。
天然自然の道に基《もとづ》いて、
心治めてくれるよう。

と、おやさまの道、天理の道を、天理にもとづいて、こころを治めて通るように
といわれる。

神の話は
見えん先に言うのが
神の話や、
をやの話や。

（明治二一、八、九）

神のはなし

おさしづに、
神の話は
見えん先に言うのが神の話や、
をやの話や。

とさとされる。別席において聞かせていただく神のはなし。それは、一つひとつこころに治めて通るところに、「なるほど」とよろこばせてもらえる。だから、「さあ〳〵この話の理を忘れんよう」といわれる。

そして、「神の話というものは、聞かして後《あと》で皆々寄合《みなみなよりお》うて難儀するような事は教えんで。言わんでな」と、神のはなしについてさとされ、

五十年以来から
何《なん》にも知らん者ばかし寄せて、
神の話聞かして理を諭《さと》して、
さあ〳〵元一つの理を
よう忘れんように聞かし置く。
さあ〳〵それでだん〳〵
成り立ち来たる道。

と、この道はじまって以来、人びとはどのようにしてたすけられてきたのか、という道筋を説かれる。

夜も明ける

人間思案からすれば、
むつかしいなあ、
と思っても、
できるだけのこころを先方に運ぶ。

夜《よる》も明けば
日も照るという。
（明治二二、一〇、二三）

夜も明ける

おさしづに、
成らん事をせいとは言わん。

出来るだけの心を以《もつ》てする。

ということを指示される。

これは、むつかしい事柄、人の気持ちが大きく左右する、そのような物事に対処することについてのさとしである。

人間思案からすれば、むつかしいなあ、と思っても、こちらの、できるだけの

こころを先方に運ぶところに、

夜も明けば

日も照るという。

と、時節がくることによって、自然になってくるとさとされる。

人間の思案をもってすると、およそ「成らんと思う」。なかなかむつかしい。けれども、「独《ひと》り成ればそれでよし」ということろ、「出来るだけの心」をもって、事にあたることを指図される。

あちらでぼそ〳〵、
そちらであらこら言えば
直《す》ぐの道を通られやせん。
（明治二三、一一、二三）

あちらでぼそぼそ

おさしづに、

あちらでぼそ〳〵、
そちらであらこら言えば
直ぐの道を通られやせん。

と、人の陰口をいうことをいましめられている。そして、心を皆《みな》純粋に治めてくれ。
蔭《かげ》で言うより前で言え。
いかん事はいかんと
蔭で見て蔭で言わんと
　直ぐに言え。

とさとされる。

　いかんことがあるならば、その人に、その場で、直接に、真実をもって、注意をさせてもらうことである。それが、「あちらでぼそ〱、そちらであらこら」という。陰口は、ほんなんでもない、日常茶飯事のことのように思っているが、そうではない。

　蔭で言うたら
　重罪《じゅうざい》の罪《つみ》と言わうがな。

と、おさとしはきびしい。

どんな難儀も
茨畦《いばらぐろう》も
不自由も通り抜けて、
楽しみと思え。
（明治三二、一一、一七）

どんな難儀も

おふでさきに、
やまさかやいばらぐろふもがけみちも
つるぎのなかもとふりぬけたら
まだみへるひのなかもありふちなかも

一 47

それをこしたらほそいみちあり　一48

ほそみちをだん〳〵こせばをふみちや

これがたしかなほんみちである　一49

と、真実のよろこびの道は、いくえの道中も一つひとつ通りぬけ、越えるところにひろがる、と記される。

おさしづでは、

心にしっかり、

どんな難儀も

茨畦も不自由も通り抜けて、

楽しみと思え。

と、どのような中も通りぬけて、ほんとうの「楽しみ」がある、とさとされる。

そして、「これさい心に治まったら。これしっかり聞き分け」と念を押される。

どうでも
精神という道
無くばならん。
（明治四〇、五、三〇）

精神という

おさしづに、
どうでも精神という道無くばならん。
皆《みな》精神から出来て来る。
といわれる。
ちょっと考えて、できそうにない。そうすると、わたしたちは、そんなことできない、やっても無駄《むだ》だ、といってしまう。
おさしづは、つづいて、

この道
元草生《もとくさば》えの中から言えば、
しんどの仕損《しぞん》というは教祖《おやさま》や。
何も楽しみ無しに、
一日の日の遊山《ゆさん》もせずに越したは
しんどの仕損。

と、おやさまの「ひながた」の道にふれられて、
なれど、
年限の間に
ほのかのように説いたる事が
今の処《ところ》にちょと見えてある。

とさとされ、どうでもという精神をもって通りきることを説かれる。

人の心を直すは
真実の道、
（明治三三、一〇、一一）

こころをなおす

おやさまによってつけられた、この道について、おふでさきに、

このみちハどふゆう事にをもうかな
このよをさめるしんぢつのみち　六　4

と記されている。おさしづでは、

遠慮するは
神の道とは言わん。

神の道は心を直す。

と、具体的に、はっきりと語られ、さらに、

道成程《なるほど》と

理を悟って今日《きょう》の日、

と、神のはなしの理によってこころを、なるほど、と改めて、今日の日になった道の次第を説かれ、

人の心を直すは

真実の道、

言わずに居ては、

何を信じて居るとも分からん。

とさとされて、真実の道を映し、神のはなしの理を伝えることをうながされる。

十人の心
一人《ひとり》の心、
一つすきやか
一つ談じ合い、
（明治二三、八、二二）

ひとつすきやか

おさしづに、
十人寄れば十人の心、
日々《にちにち》の処難《ところむつか》しい。
といわれるが、つづいて、

十人の心一人の心、
一つすきやか一つ談じ合い、

と、談じ合って、こころをすきやかすまして通ることをうながされる。

胸のうちをすます。こころをすます。その筋道については、おふでさきに、

これからハどふぞしんぢつむねのうち
はやくすますもよふしてくれ　五 74
せかいぢうをふくの人てあるからに
これすまするがむつかしい事　五 75

と記され、つづいて、

いかほどにむつかし事とゆうたとて
わが心よりしんぢつをみよ　五 76

と、めいめい、一人ひとりが、わがこころの真実をみよ、と指示される。

今までは、
わしはこんな心で居《い》た、
俺《おれ》はこんな心使《つこ》うて来た、

（明治二〇、四、三）

わしはこんなこころで

おさしづに、「常々の心神のさいゝしづを堅くに守る事」をさとされるが、おふでさきに、

なにゝてもゆハすにいてハわからんで
なにかいさいをみなゆてきかせ　十四 66
このはなしなにの事やらしろまいな
をやのはたらきみなゆうてをけ　十四 67

と、神の守護の理を伝えることをうながされる。神の守護の理があらわれると、
「めゑめゑのくちでみなゆいかける」（十四　69）といわれ、

どのよふな事てもわがみくちいより
ゆう事ならばぜひハあるまい　十四　70
これからハめゑめになにもゆハいでも
をやが入こみゆうてかゝるで　十四　71

と、つづいて記される。おさしづでは、

二人《ふたり》三人寄れば皆々話《みなみなはな》し、
今までは、
わしはこんな心で居た、
俺はこんな心使うて来た、
と皆《み》んなめん〳〵の心通り、
言わしてみせる。

といわれ、「神の自由《じゅうよう》自在《じざい》、よう聞き分け」とさとされる。

善い事すれば善い理が回る、
悪《あ》しきは悪しきの理が回る。
(明治二五、一、一三)

善いことすれば

おさしづに、
心一つというは
優しい心もあれば、
恐ろしい心もある。
知らず〳〵の心もある。
とさとされ、そして、
善い事すれば善い理が回る、

悪しきは悪しきの理が回る。

つづいて、

善い事も切りが無けねば、

悪しき事も切りが無い。

といわれる。知らず知らずのうちに、わたしたちは、いまのじぶんの勝手都合のよいことはするが、都合のわるいことはしない、というこころをつかって暮らしている。

理は見えねど、

皆《みな》帳面に付けてあるのも同じ事、

月々年々余れば返《か》やす、

足らねば貰《もら》う。

平均勘定はちゃんと付く。

といわれ、「これ聞き分け。いかなるも聞き分けよ」と念に念を押される。

心を合わせ
頼もしい道を
作りてくれ。
(明治三五、九、六)

頼もしい道

おさしづに、
この道は
容易ならん処《ところ》から
付け掛けたる道、
これを失わぬよう。

と、この道は、容易でないところから、成り立ってきた道であること。このことを忘れてしまってはならない、といわれる。
そして、
心を合わせ
頼もしい道を作りてくれ。
と、こころをあわせて、希望がふくらむ、こころ強い、楽しみな道をつくってくれ、とさとされ、
あれでこそ真の道であると、
世界に映さにゃならん。
というおことばにつづいて、
これまあよく聞き取りて、
皆々《みなみな》の心
胸に手を置いて思《し》やんしてくれ。
よう聞き分けてくれるよう。
と懇切にいわれる。

世上より
成程《なるほど》の人や〱と言う心、
天に映る。
（明治二一、六、一〇）

なるほどの人

人を救《たす》けるには、
理は無けらいかん。
と、おさしづにさとされる。そして、
人間というものは、
身はかりものと、
話もこれはして居《い》るやろ。

といわれて、大事なことは、
　内に誠という理を聞き分け。
　自由《じゅうよう》自在《じざい》というは、
　めん〱誠の心である。
と、一人ひとりが、誠のこころで通ることをうながされる。それは、
　世上より成程の人や〱と言う心、
であって、それはまた、
　天に映る。
　これがたすけの理や。
と、はっきりとさとされる。そしてさらに、
　救けるには、
　めん〱未《ま》だ〱と、
　心治め。
と、まだこれからだ、ということろですすむことを指示される。

種無しに作れるか。
種蒔《ま》かずに取れようまい。

（明治三六、五、二〇）

種なしにつくれるか

みかぐらうたに、

やしきハかみのでんぢやで
まいたるたねハみなはへる
七下り目　八ッ

と記されているが、おさしづには、
誰にも分かる仮名《かな》な理で諭《さと》し置こう。
と前置きして、
何《なん》ぼ広く田地《でんち》田畑《たはた》あればとて、

蒔かん種は生《は》えん。

種無しに作れるか。

種蒔かずに取れようまい。

と、真実の種をまく、ということを指図される。

じぶんの望む、その種をまかないで、その芽が出る、その実がのる、思いどおりの収穫をする。そんなことはできない。

おさしづは、
隅から隅まで蒔き下ろす。

蒔き下ろすで実《み》がのる。

一粒万倍《いちりゅうまんばい》に返《か》やす。

とつづいてさとされ、「この理聞き分け」といわれる。

心に誠無《の》うては
通れようまい。

（明治二一、七、三一）

こころに誠

どんな中も「なるほど」と得心をもって通ることが大事であるが、おさしづに、

この所神一条、

五十年以前からの元の理を聞いて

心に治めよなら、

成程《なるほど》の理も治まろう。

といわれて、そして、

天理王命《てんりおうのみこと》と元一つ称するは、

天の月日である。
元一つ始めるは女一人《おんないちにん》である。

と、この「元よく聞いてくれ。長々元一つ分からなんだ」といわれる。

おやさまは、「月日のやしろ」として、また「ひながたの親」として、天保《てんぽう》九年（一八三八年）の立教以来、誠の理をもってお導きくださった。

何《なん》ぼ往還道《おうかんみち》でありても、
心に誠無うては通れようまい。
心に誠一つさいあれば、
何《なん》にも危なきはない。
楽しみ一つの道やある、

とさとされる。

鶏《とり》が鳴いた

三〇年来の寒い晩に、
暖をとるものもなかった。
道の行く末を、
夜明けまで語り合ったこともあった。

鶏《とり》が鳴いた事も
あったなあ。

（明治三一、一二、三一）

鶏が鳴いた

おやさまの道すがらのはなし。
さあ〳〵古い事やけれど〳〵話《はなし》する。
そんな事は年限経《た》てば
何《なん》であったやらこんな事かえ、
そういう事であったかえ、
そうやったか。

というようなものであるが、と、おさしづにいわれる。そして、寒《さ》ぶい晩もあったなあ。
もう夜明けやでなあ。
鶏が鳴いた事もあったなあ。
と語られる。三〇年来という寒い晩に、暖をとるものもなかった。道の行く末を、夜明けまで語りあったこともあった。鶏が鳴くのを聞いて、やすんだこともあった、とは、どん底の道中のはなし。
そして、おさしづは、
古い話聞いて貰《もら》いたい。
今夜一寸《ちょっと》寄って、
一寸集まって、
一寸話《はなし》する言葉から、
感じ起《おこ》してくればよい。
感じねばとても〳〵長い事勤められん。
といわれる。

三十日と言えば、
五十日向《むこ》うの守護を
して居《い》る事を知らん。
（明治二二、一一、七）

三〇日といえば

おさしづに、
難《むつか》しい事は言わん。
難しい事をせいとも、
紋型無《もんかたな》き事をせいと言わん。
と前置きして、

皆《みな》一つ〳〵のひながたの道がある。
ひながたの道を通れん
というような事ではどうもならん。

と、「ひながた」の道を通ることを指図される。そして、

あちらへ廻《まわ》り、
日々の処《ところ》、
三十日と言えば、
五十日向うの守護をして居る事を知らん。

とさとされる。あちらへ回りこちらへ回り、にちにち、先回りして神は守護くださる。三〇日むこうのことを願えば、五〇日むこうの守護をしている、と語られる。

そして、「これ分からんような事ではどうもならん。ひながたの道通れんような事ではどうもならん」といわれる。

どういう道も
こういう道も、
皆《みな》
神の道やで。
（明治二〇、陰暦七、一）

どういう道も

おさしづに、
いかなる処《ところ》
何もどうこう、
あゝやこうやと思うやない。

と指示される。じぶんの目のまえの思惑にはずれる事情には、ああだったら、こうだったらと、人間思案をめぐらせるが、

どういう道もこういう道も、

皆

神の道やで。

と、人間思案からはむつかしい事情も、それはみな神の道、陽気ぐらしへ導かれる神の与えとして、こころいさんで受けとめて通るように、とさとされる。

そして、この真実の道の成り立ちについて、

学者がした道でもなし、

人間心《にんげんごころ》でした道でなし、

真実の神が天然自然の理で、

五十年の間付けた道である。

といわれ、わが身思案を捨て、おやさま「ひながた」に照らしてなにごとも判断し、通りきることをさとされる。

一夜《いちや》の間《まあ》にも
心を入れ替え。
神は直《す》ぐと受け取る。
（明治二〇、一、一）

こころを入れ替え

いまゝでハとんな心でいたるとも
いちやのまにも心いれかゑ　十七　14
しんぢつに心すきやかいれかゑば
それも月日がすぐにうけとる　十七　15

と、おふでさきに記されるが、「何よの事も聞き分けが第一。十分なる処《ところ》の理を聞かそ」というおことばのあと、おさしづには、

自由自在《じゆうようじざい》、
神の自由自在、
心の誠やで。
と、こころの誠が大事である、と説かれる。そして、
年《とし》が行かんと言うても、
一夜の間にも心を入れ替え。
神は直ぐと受け取る。
と語られて、
誠の容《い》れ物拵《こしら》え。
十分の容れ物拵え。
容れ物無しにはいかん。
誠積み重ね、
十分一つの容れ物。
と、自由自在のご守護を受ける、誠の容れ物をこしらえることをうながされる。

誠の精神なら、
埋《おぼ》りて置く根があれば
芽が吹く。
（明治二一、二、六）

誠の精神

にちにち、誠の精神でつとめている。
それなのに、思惑のはずれることがあらわれてくる。どうして、こんなことになるのだろうか、と思い、こころをいずませる。
おさしづには、
どうなる〳〵という処《ところ》、
急《せ》くでないで〳〵。

とさとされる。急ぐのではない、といわれて、

成る事情というものは、

独り成るで。

成らんものは、

どうしても成らんと。

こういわれる。その成る、成らんというのも、

旬《しゅん》がある。

旬が無けら、芽も吹かん、と、

このように説かれる。そして、

誠の精神なら、

埋りて置く根があれば

芽が吹く。

と、真実誠の根をつちかい、どんな中も、腹を立てないで、長い目をもって、楽しんで待て、といわれ、「この理を諭し置こう」とむすばれる。

どうでもこうでも
楽しみ働けば、
これ種と成る。
（明治三三、一二、二三）

楽しみ働けば

おさしづに、「どうしょうこうしょう言うても、成らん」といわれるが、
又《また》じいくりしても、
種あれば生《は》える。
この理聞いて楽しみ治め。
よう聞き分け。

と、楽しみの種をつくることをうながされる。

それでは、どのように通れば、楽しみの種となるのか。

　どんな事も勇んでくれるよう〳〵。
　先々《さきさき》どうとは要《い》らん。

と、どんなこともいさんでする、先案じはいらん、といわれて、

　何も紋型《もんかた》無い時の事治め。
　苦労は楽しみの種。

といわれる。この道のはじまりをこころに治めて、

　どうでもこうでも楽しみ働けば、
　これ種と成る。
　よう聞き分け。

と、どうでもこうでも、楽しみ、はたらくことをさとされる。

一手一つ理が治まれば日々《にちにち》理が栄える。

（明治二三、一、二七）

理が栄える

お道の信仰は、一名一人《いちめいいちにん》かぎり、と教えられている。陽気づくめのこころで、なんでもどうでも通らせていただきたい。その一人ひとりの精神ひとつに、にちにち、結構なご守護をくださる。

ところが、その道中においては、幾重《いくえ》の道、どんな日もある。おさしづに、

怖《こ》わい日もどんな日もある。

心一つ定め。

とさとされる。それは、めいめいのこころを、ひとつの理、天の理にあわせて、

こころを定めて通ることである。

多くのものが集まっても、それぞれが勝手に流れては、親なる神は受けとってくださらない。

教えの理にこころをあわせて、たがいにたすけあって生きる。そこに、陽気づくめの暮らしがひろがる。

おさしづは、つづいて、

　一手一つ理が治まれば

日々理が栄える。

　大き一つ心の楽しみ。

といわれる。親なる神の大きな思召《おぼしめし》にそって通る「一つ心の楽しみ」の道を指示される。

さあ掃除や。
箒《ほうき》が要《い》るで、
沢山《たくさん》要るで。
（明治二〇、三、一五）

さあ掃除や

この「たすけ一条の道」は、世界一れつの胸の内の掃除、こころの掃除である。おふでさきには、

このみちハうちもせかいもへたてない
せかいちうのむねのそふぢや　十五　47

このみちハどんな事やとをもうかな
せかい一れつむねのそふぢや　十六　57

あるいは、

せかいぢうむねのうちよりこのそふぢ
神がほふけやしかとみでいよ　三 52

と記される。世界中の胸の内を掃除する。それには、「神がほふけや」といわれる。楽しみの道は、神を箒として「ほこり」を払って、こころをすますところにひろがる。おさしづには、

さあ掃除や。箒が要るで、沢山要るで。

といわれる。こころの掃除をする。そのうえから、その道具として、箒の役目をする人、すなわち、真実の教えを身につけて、真実に生きる人を求められる。つづいて、

使《つこ》うてみて使い良いは、いつまでも使うで。
使うてみて、使い勝手の悪いのは、一度切りやで。
隅《すま》から隅まですっきり掃除や。

といわれる。

何かの処《ところ》
かりもの一条から
治めれば、
治まる。
（明治二四、一〇、二四）

かりもの一条

めへ／＼のみのうちよりのかりものを
しらずにいてハなにもわからん　三　137

と、おふでさきに記されるが、おさしづには、具体的に、
めん／＼内々事情、

身一つ事情
どちこちどうで
日々《にちにち》の事情通り難《に》くい。
勝手悪い日もあろ。

といわれて、「内々事情諭《さと》し置く」と前置きをされる。そして、

案じは、
何かの処
かりもの一条から
い、い、い
治めれば、
治まる。

と、さとされる。先人は、
「そこで、『かりもの』という理が治まらねば、なによのこともわかりませんゆえ、『かりもの』の理をよく〳〵聞き分けねばなりません」(『梅谷文書』再版)
と覚書している。

どんな事聞くも一つのふし、
見るも一つのふし、
さあ〳〵
楽しんでくれるよう。
（明治二八、七、一二）

どんなこと聞くも

じぶんに都合のよくない、気にかかることを耳にする。あるいは、目にする。
でも、それらは「一つのふし」と受けとめて通る。
　どんな事聞くも一つのふし、
　見るも一つのふし、
　さあ〳〵楽しんでくれるよう。

とうながされる。そのみること、聞くことを「ふし」として、しっかりこころを治めて、先案じすることなく、楽しんで通りぬける。
そうすれば、「じいとして居《い》ても理は吹いて来る」といわれる。そして、
さあ〳〵
心というものはどうもならん。
思う心は何《なん》でも湧《わ》く。
思わいでもよい事思うやないで。
どうなろうという心は
持つやない、
思うやない、
言うやない、
さあ、
どんと心を治めてくれるよう。
と、押しての願《ねがい》において指示される。

旬《しゅん》をはずさず

春の花を楽しみ、
秋の実りをよろこぶ。
それには、種まきの旬、
修理の旬をはずしてはならん。

旬《しゅん》を外《はず》さず、
してくれ。
外してはならん。
（明治四〇、五、二一）

旬をはずさず

みかぐらうたに、
やしきハかみのでんぢやで
まいたるたねハみなはへる
七下り目　八ッ
と記される。
春がきて、花が咲く。その色とりどりの花を楽しむ。そして、秋になると、収穫。実りの秋をよろこぶ。

春の花を楽しみ、秋の実りをよろこぶというが、それには、種まきの旬というもの、修理肥《しゅうりこえ》の旬というものがある。

その旬のくるのを、みな「待ち兼ねて楽しんでくれにゃならん」といわれる。

それは、それぞれの人生における「種まき」であり、それぞれの暮らしの中の「修理肥」である。

それについて、おさしづでは、
旬を外さず、
してくれ。

外してはならん。

旬を外しては
出来やせん。

と、旬をはずしては、芽が出たとしても物はできないでおわってしまう、とさとされる。

一つが始まり、
一があれば二がある、
二があれば三がある。
（明治二二、四、一七）

一があれば

どこまでも、うれしく、楽しくという、この陽気ぐらしの道は、おやさまおひとりからはじまった道である。
あなたがするなら、わたしもする。おまえがするなら、おれもする。こんな思いで、毎日、暮らしているが、その毎日、うれしく、楽しく暮らしている、というのではない。

毎日、形のうえは、いいカッコウをして、いいものを食べて、なにもいうことがないようにみえる。けれども、その中身、こころはむなしく、こころはさみしい。

おさしづでは、

さあ〳〵一つが始まり、

一があれば二がある、

二があれば三がある。

とさとされる。

あなたが、真実の生きかた、天の理に、なるほどと目覚めて生きる。そこに、新しい人生が展開する。あなたが、新しい歩みをはじめる。すると、不思議にも、わたしも、という真実の人があらわれる。ふたりが、新しい真実の歩みを、と願うと、またひとり。

ひとりの真実、その生きるよろこびは、一波は万波をよんでひろがっていく。

男女《おとこおんな》の隔《へだ》て無い
という理は、
重々《じゅうじゅう》の理に諭《さと》したる。
（明治三一、三、三〇）

男女の隔てない

おふでさきに、

この木いもめまつをまつわゆハんでな
いかなる木いも月日をもわく　七 21

と、木にたとえて、女松男松はいわん、と記されているが、おさしづでは、
男女の隔て無いという理は、

重々の理に諭したる。

と、男女の隔てない、男女いわん、男女によらん、男女区別ない、男女同じ事、などとさとされ、男女の性を超えて、男女が人間として真実に生きることをいわれる。

先人は、「かりもの一条」のおはなしにおいて、月日の理について語っている。

「種を蒔《ま》いても水がなければ芽を吹きませず、水は物事のはじまりであります。それに、ぬくみが添うて物事は育つのであります。そのぬくみと水気は五分五分《ぶ》で都合ようまいります。立毛つくるにも、火が勝ちましたら日焼けとなり、水が勝ちましたら根はくさりてしまいます。家の内も夫が五分に女房が五分、これで十分に治まります」(『梅谷文書』再版)

と、五分五分の理を欠くことなく、あなたのおかげおまえのおかげ、とこころをつくしあって、どんな中も通ることを暗示ぶかく語っている。

集まりた理に
凭《もた》れ付けば、
先々《さきさき》まで理ある。
（明治三一、四、五）

もたれつく

みかぐらうたに、
なんでもこれからひとすぢに
かみにもたれてゆきまする
三下り目　七ッ

と記される。

「かりもの一条」の理をこころに治める。すると、どこまでも見抜き見透しで親なる神がご守護くださっている。そのことがこころに強く感じられて、「かみにもたれてゆきまする」という決意となる。
おさしづでは、より具体的に、
ほんにと
集まりた理に
凭れ付けば、
先々まで理ある。
とさとされる。人間思案で無理に集めるというのではない。集まる理をつくること、真実にこころが集まる理の大きいことをいわれる。このさとしにおいて、
何か万事の処《ところ》、
嬉《うれ》しい治まれば
嬉しい治まる。
はあと思えば
はあとなる。
と、万事がうれしい治まる道を説かれる。

日々《にちにち》
運ぶ尽《つく》す理を受け取りて
日々
守護と言う。

（明治二六、一二、六）

運ぶつくす理

おさしづに、

日々運ぶ尽す理を受け取りて

日々守護と言う。

と語られ、さらに、「裏と表との事情がどうもならん」とさとされ、にちにち、陰日向《かげひなた》のない通りかたをうながされる。

そして、もっと具体的に、

こそ〳〵話は

すっきり要《い》らんで。

と、陰口をいましめられる。つづいて、

直《す》ぐと〳〵

大きい声で話し、

蔭々《かげかげ》の話は要らん。

と、話題の本人にたいして直接に、筋道を立ててはなすことを指示されて、

こそ〳〵話は

二人の心は治まる。

なれど

もう三人との中は治まらん。

よう聞いて置け。

と説明して、神の守護をいただく道を具体的にしめされる。

一人《ひとり》
先に立って、
後々《あとあと》育てるが
この道。
（明治三一、九、一九）

一人さきに立って

おさしづに、
一人先に立って、
後々育てるがこの道。
とさとされる。そして具体的には、
美しい口で言うて、

行いと違《ちご》うてはならん。

といわれ、

塵《ちり》があって、

一つの水の中に

塵があっては飲まりゃせん。

という、こうした道理からよく聞きわけてくれといって、この道の通りかたをさとされる。さらに、

又《また》大事な事は

掃き掃除

拭《ふ》き立てた上にも拭いてする。

と、こころの掃き掃除、こころの拭き掃除をうながされるのである。そして、

掃き掃除が足らんから塵《ちり》が溜《た》まる。

こういう諭《さとし》あったと談じてくれ。

といわれる。

ふしから〳〵の
芽が出てある。

（明治二一、三、九）

ふしからの芽

おさしづに、

難《むつか》しいと言うて

難しい中、

一つの理一つ〳〵洗うで。

とさとされる。

本当にむつかしい中にあって、真実は、その輝きを増す。

おさしづでは、さらに、「すっきり洗い切る」「何《なん》でも洗い切る」「すっきり掃除」と、何度も重ねてさとされる。真実が、さらにひかり、輝く。そのように、すっきり掃除するといわれる。

そして、
ふしから〳〵の
芽が出てある。
こんな中から芽が出る。

とさとされる。

どのようなときも、おやさまの「ひながた」の道を歩み、すすむならば案じることはいらん、と説かれる。

そして、「難しいと言うて難しい中」という、そのような「ふし」から芽が出る道をしめされる。

弱い者が強くなる、強い者が弱くなる。

（明治二〇、三、一六）

弱いもの、強いもの

おふでさきに、

たん〳〵とよふぼくにてハこのよふを
はしめたをやがみな入こむで　十五 60
このよふをはじめたをやか入こめば
どんな事をばするやしれんで　十五 61

と、真実に生きる「よふぼく」には、この世を創《はじ》めた親なる神が、入りこんでおはたらきくださる、と記される。

おさしづには、

さあ〳〵変わる〳〵。

今まで弱き者が強くなる、

今まで強き者が弱くなる。

といわれる。いままで、人の目からみると、なんでもない人のように思われていた。その人も、神のはなしを聞かせていただき、こころを真実に治めると、生まれかわる。

いままで、なんでもない人と思われていた。その人が、真実のはたらきをする人になる。おさしづは、さらに、

弱い者が強くなる、

強い者が弱くなる。

そこで分かる、という事を知らして置く。

とさとされる。

心に誠一つさいあれば、何《なん》にも危なきはない。

（明治二一、七、三一）

なにも危なきはない

おさしづに、

何《なん》ぼ往還道《おうかんみち》でありても、

心に誠無《の》うては通れようまい。

といわれる。

どれほど、形のうえにおいて、なにもいうことはないという状況の中にあったとしても、こころに誠というものがなかったならば、その往還道を、うれしく、楽しく通りきることはできない。

つづいて、おさしづは、

心に誠一つさいあれば、

何にも危なきはない。

と、こころの誠を輝かせて生きることを指示される。

先人は、

「私所は何叶《かな》はんといふ不足はないけれ共《ども》、唯《ただ》これさへ無くば是《これ》さへなかつたらなアと言ふて苦労して居《お》る人もある」

と、なにかなわんことがない中において、苦労している人の微妙なこころの内について、具体的に語り、

「此道《この》は誠さへ有ればドンナ事情でも助からんではない」（梅谷四郎兵衛《うめたにしろべえ》「月日の心」）

とさとしている。

騒がしいと言うと、
どんならん。
そこで
朝早《はよ》うと言うのや。
（明治二一、七、四）

朝早う

どうしてこのようになるのだろうか。
思案を重ねるが、なかなかすっきりしない。身の悩みもすっきりしない。こころの中は、なんとも気分が重い。
そんな身の悩みについて伺《うかが》った「おさしづ」に、
さあ〳〵どうも騒がしいと言うと、

どんならん。
そこで朝早うと言うのや。
といわれ、さらに、
遠くの所より遥々《はるばる》運んで間違《まちが》うては
どんならん。
そこで朝早うと言う。
と、「朝早うと言う」ということが重ねて説かれ、そして、ひとこと、
些《いささ》かと思ても、
大層《たいそ》の理がある。
と、ほんのささいな、ちょっとのことでこころをくもらせていることをさとされる。
今朝《けさ》も、「かりもの」のご守護に生かされて、目を開《あ》かせていただいた。そのよろこびをもって思案をする。朝日をあびて、こころは明るく、いそいそと、どこまでも通る道を指示される。

身の内かりもの聞いて、
一寸《ちょっと》の理
聞き分けねば分からぬ。
（明治二一、一、二三）

ちょっとの理

みかぐらうたに、
なんぼしん／″＼したとても
こゝろえちがひはならんぞへ
六下り目　七ッ
と記され、おふでさきには、
めへ／＼のみのうちよりのかりものを

しらずにいてハなにもわからん　三　137

と教えられる。

おさしづには、

何《なん》ぼ信心するとも、

理が分からねば分からん。

といわれ、「理が分かる」という点について、このおことばのまえには、

身の内かりもの聞いて、

一寸の理聞き分けねば分からぬ。

とさとされる。

人間の目には、そんなのは当たり前だと思う。そんなことは、ささいな、ちょっとのことと思う。だが、そのちょっとの理が大きいということを聞きわける。

そのちょっとの理を聞きわける。それによって、いままでよろこべなかったこと、楽しめなかったことが、よろこび、楽しめるようになるといわれる。

先の楽しみ、
細い道のようなれども、
先の長い楽しみ。
（明治二〇、七、一四）

さきの長い楽しみ

おふでさきに、

めへ〳〵にいまさいよくばよき事と
をもふ心ハみなちがうでな　三　33

と、「いまさいよくばよき事」と思うこころは、まちがっている、と記される。

だが、つい、その場の楽しみでもって通ってしまう。

おふでさきには、さらに、

いまのみちいかなみちでもなけくなよ
さきのほんみちたのしゆでいよ　三 37
しんぢつにたすけ一ぢよの心なら
なにゆハいでもしかとうけとる　三 38

と、さきの本道を楽しんで、真実に、「たすけ一条」のこころですすむことをうながされる。

おさしづでは、

目の前の楽しみ、
その楽しみは短い。
先の楽しみ、
細い道のようなれども、
先の長い楽しみ。

と、「たすけ一条」の道こそ、「真実の楽しみ」である、とさとされる。

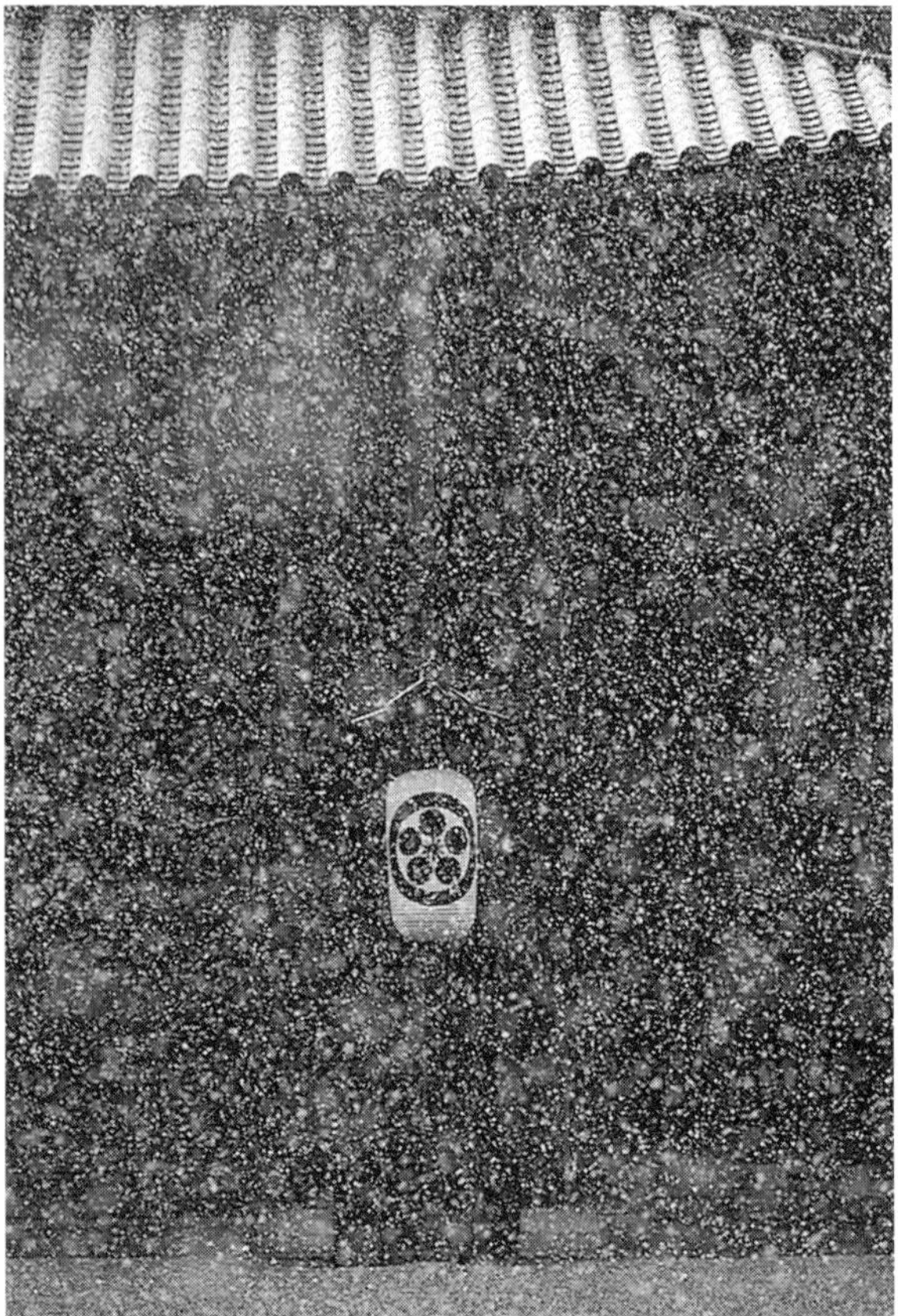

あとがき

本書は、昭和六一年（一九八六年、立教一四九年）七月号から平成一二年（二〇〇〇年、立教一六三年）三月号まで『みちのとも』に書かせてもらった「おさしづ抄」である。長い期間にわたって書かせていただけたのは、おおぜいの方々からおはげましをいただいたおかげである。こころからお礼を申しあげたい。

最初は、『みちのとも』の表紙裏に「おさしづ抄」を掲げ、その「おさしづ解説」を巻末に載せてもらったが、平成元年（立教一五二年）四月号の「茨畔も崖路も」から、「おさしづ抄」と「解説」をひとつにして、巻頭に掲載された。掲載頁の変化は、その内容の変化となっている。

本書は、連載順に年度ごとに、一四に区切っている。そのさい、文章についてはほとんど手を入れていないが、見出しのことばは、引用している「おさしづ抄」にあわせて数項目について変更している。そして、その見出しのことばによって「おさしづを読むための索引」（356頁）をつけている。これは、本書の索引でありつつ、「おさしづ」をさらに読みすすめるための案内でもある。なお、引用のさい、句読点を補い、文字表記をわかりやすくした箇所がある。

連載中、そして、この本の刊行には、道友社編集出版課の方々にお世話になった。しるして、感謝の意を表したい。

平成一四年五月

澤井　勇一

【は】
運ぶつくす理　336頁→(明治26・12・6)
働くという理　22頁→(明治23・6・21)
はなしを楽しませ 58頁→(明治29・3・31)
早い縁、遅い縁 208頁→(明治20・5・―)
早き道と遅くの道 52頁→(明治24・1・14)
春がくれば　68頁→(明治23・12・18)
半の理　148頁→(明治26・6・19)
ひとつすきやか 290頁→(明治23・8・22)
ひとつのこころ　222頁→(明治22・2・14)
人に笑われるところ 196頁→(明治35・7・20)
一人さきに立って 338頁→(明治31・9・19)
人をこぼつ　274頁→(明治23・2・6)
ひながた通りの道 200頁→(明治22・11・7)
ひながたの道　218頁→(明治22・11・7)
火、水、風　272頁→(明治20・1・13)
ふしからの芽　340頁→(明治21・3・9)
ふしから芽を吹く 96頁→(明治27・3・5)
不自由して通るが楽しみ　204頁→(明治20・6・6)
ふでさきにも　178頁→(明治22・5・7)
古き道、新しい道 250頁→(明治22・10・9)
細道と往還道　80頁→(明治22・11・1)

【ま】
まいた種　122頁→(明治23・9・30)
まかん種は　146頁→(明治36・5・20)
誠の精神　314頁→(明治21・2・6)
誠のはなしに誠の理　186頁→(明治29・3・26)
誠の理　158頁→(明治21・1・8)
満足すれば　26頁→(明治37・2・6)
身上から　236頁→(明治33・11・26)
身はかりもの　32頁→(明治22・2・14)
みるもいんねん 90頁→(明治23・9・27)
むつかしい道の中に 192頁→(明治37・8・23)
芽が出る　230頁→(明治32・5・9)
もう鶏が鳴く　120頁→(明治31・8・26)
もたれつく　334頁→(明治32・4・5)
「もと」を聞きわけ 34頁→(明治21・1・8)
靄がきれたら　270頁→(明治22・2・14)
紋型もないところから　54頁→(明治31・5・12)

【や】
やさしいこころ　172頁→(明治34・3・7)
八つのほこり　88頁→(明治32・7・23)
夕景　262頁→(明治25・7・27)
善いことすれば 294頁→(明治25・1・13)
陽気遊び　44頁→(明治23・6・20)
陽気というは　152頁→(明治30・12・11)
寄ってくる理　260頁→(明治32・5・16)
夜と昼と替われば 30頁→(明治23・5・30)
夜の暗がり昼の暗がり　10頁→(明治34・10・13)
夜も明ける　280頁→(明治22・10・23)
弱いもの、強いもの 342頁→(明治20・3・16)

【ら】
理が栄える　318頁→(明治22・1・27)
理が立つ　198頁→(明治34・2・4)
礼をいう　168頁→(明治32・10・1)

【わ】
わがこと・人のこと 160頁→(明治31・9・30)
わしはこんなこころで　292頁→(明治20・4・3)

こころをなおす 288頁→(明治33·10·11)
ことば第一 86頁→(明治34·6·14)
ことばの満足 136頁→(明治32·2·2)
この道 206頁→(明治20·1·4)
こんなこと 110頁→(明治23·6·17)
こんなことぐらい 162頁→(明治24·1·29)

【さ】
さあ明日からは 64頁→(明治28·8·3)
さあ掃除や 320頁→(明治20·3·15)
さきの事情定める 238頁→(明治25·2·8)
さきの長い楽しみ 350頁→(明治20·7·14)
寒ぶい晩も 224頁→(明治31·12·31)
三〇日といえば 308頁→(明治22·11·7)
旬をはずさず 328頁→(明治40·5·21)
心配する 78頁→(明治24·11·15)
末の楽しみ 244頁→(明治20·陰暦5·—)
捨てことば 40頁→(明治24·1·28)
すみきる 232頁→(明治31·6·12)
速やか鮮やかなこころ 248頁→(明治21·8·2)
精神という 286頁→(明治40·5·30)
急いてはならん 24頁→(明治31·4·4)
晴天のごとく 210頁→(明治21·8·9)
世上が鏡 62頁→(明治21·7·29)
その徳 264頁→(明治22·7·31)
その場の楽しみ 154頁→(明治22·3·21)

【た】
大恩と小恩 14頁→(明治34·2·4)
種なしにつくれるか 300頁→(明治36·5·20)
楽しみの種 70頁→(明治39·12·6)
楽しみ働けば 316頁→(明治33·12·22)
頼もしい道 296頁→(明治35·9·6)
小さきもの 18頁→(明治23·2·16)
小さきものの理 226頁→(明治23·6·23)
蝶や花 12頁→(明治27·3·18)
ちょっとの理 348頁→(明治21·1·23)
強いものは弱い 2頁→(明治20·12·4)
照る日、くもる日 116頁→(明治28·1·14)
天が見通し 246頁→(明治34·4·15)
天よりの綱 182頁→(明治31·7·30)
どういう道も 310頁→(明治20·陰暦7·—)
どうでもこうでも 108頁→(明治38·3·30)
徳つんで 234頁→(明治31·11·4)
どこにいても 220頁→(明治20·7·—)
鶏が鳴いた 306頁→(明治31·12·31)
どんなこと聞くも 324頁→(明治28·7·11)
どんな難儀も 284頁→(明治32·11·17)

【な】
夏なれば単衣 82頁→(明治23·3·17)
なにも危なきはない 344頁→(明治21·7·31)
ならん中 128頁→(明治30·10·8)
なる·ならん 130頁→(明治22·3·21)
なるほどの人 298頁→(明治21·6·10)
にちにちの理 118頁→(明治22·4·17)
にっちもさっちも 140頁→(明治40·3·13)
にをいをかける 4頁→(明治40·4·7)
人間というは 36頁→(明治22·6·1)
人間というものは 194頁→(明治21·7·24)
暖味と水気 92頁→(明治27·12·12)
根と枝 94頁→(明治29·10·10)
念ずるものでも 144頁→(明治29·4·21)
のじのないもの 42頁→(明治24·11·1)

おさしづを読むための索引

見出しは、出典おさしづの手がかりでもある。見出しの次の数字は、本書の頁を示す。（年月日）は、おさしづの出典を示す。

【あ】
愛想の理　180頁→（明治27・7・30）
悪なら善で　268頁→（明治22・2・7）
朝、結構という中に　170頁→（明治25・6・3）
朝にある　38頁→（明治22・5・7）
朝早う　346頁→（明治21・7・4）
あちらでほそぼそ　282頁→（明治23・11・22）
あほう　164頁→（明治28・7・2）
雨降る風吹く　66頁→（明治22・5・7）
あれでこそ　254頁→（明治31・5・12）
あんなあほうはない　104頁→（明治32・2・2）
家のこぼちぞめ　56頁→（明治33・10・31）
いささかのものから　60頁→（明治37・12・14）
一があれば　330頁→（明治22・4・17）
一日なりとも　76頁→（明治23・6・15）
一人・万人　84頁→（明治37・12・14）
一名一人のこころの理　50頁→（明治23・8・9）
一夜の間にも　266頁→（明治21・7・23）
一里行けば一里　112頁→（明治20・4・3）
一里の道・十里の道　48頁→（明治34・4・16）
茨畔も崖路も　74頁→（明治22・8・4）
「いま」という　138頁→（明治20・1・13）
いわんいえんの理　134頁→（明治23・4・4）
うれしい〳〵通る　240頁→（明治34・7・15）
うれしいひとつの種　16頁→（明治24・12・19）
大きい思やん　256頁→（明治35・7・23）
大きいもの・かたいもの　142頁→（明治20・3・27）
大きい理　102頁→（明治25・5・1）
男女の隔てない　332頁→（明治31・3・30）
お礼ひとつの理　188頁→（明治25・6・3）
おれがおれが　8頁→（明治24・5・10）

【か】
鏡やしき　132頁→（明治22・7・31）
蔭日向になりて　216頁→（明治21・8・6）
神にもたれる　258頁→（明治23・6・29）
神の手引き　106頁→（明治28・3・18）
神のはなし　276頁→（明治21・8・9）
神の理　174頁→（明治31・1・19）
かりもの一条　322頁→（明治24・10・24）
草の中でも　28頁→（明治40・1・20）
苦労あろうまい　126頁→（明治28・5・31）
結構という理　190頁→（明治23・7・7）
極楽世界　100頁→（明治26・2・26）
こころすみきる　212頁→（明治20・3・—）
こころ楽しみ　214頁→（明治32・12・12）
こころにかかる　114頁→（明治34・7・15）
こころに結構　156頁→（明治35・7・20）
こころに事情　242頁→（明治24・1・21）
こころに乗りて　184頁→（明治31・10・2）
こころに誠　302頁→（明治21・7・31）
こころの錦　166頁→（明治35・7・20）
こころを入れ替え　312頁→（明治20・—・—）
こころをすます　6頁→（明治20・3・22）

澤井　勇一（さわい・ゆういち）
昭和15年（1940年）、奈良県橿原市生まれ。同37年、天理大学文学部宗教学科卒業。同年、天理教校本科に勤務。同40年、天理教校本科卒業。同校講師、天理大学非常勤講師など歴任。敷土《しきと》分教会前会長。
著書に『おふでさきを読む』（天理教道友社）。共編に、『天理教関係雑誌記事目録』『おさしづ割書人名索引』『みちのとも著者名索引』『おさしづ割書教会名索引』（いずれも、天理教校論叢別冊）。論文は、「天理教信仰の基底」（『天理教学研究』第41号）ほか多数。エッセーに、『お道のこころ1・2』（しきと文庫10・11）、『新しい緑のひろがり』（はっぴすと文庫1）。

おさしづを読む

立教165年（2002年）7月1日　初版第1刷発行
立教179年（2016年）8月26日　初版第3刷発行

著　者　澤《さわ》井《い》勇《ゆう》一《いち》

発行所　天理教道友社
TENRIKYO DOYUSHA
〒632-8686　奈良県天理市三島町1番地1
電話　0743（62）5388
振替　00900-7-10367

印刷所　株式会社天理時報社
〒632-0083　奈良県天理市稲葉町80

©Yuichi Sawai 2002

ISBN 978-4-8073-0473-8
定価はカバーに表示